财务会计类专业精品课程规划教材

# 企业财务会计职业能力训练

## （第三版）

主编　焦建平

苏州大学出版社
Soochow University Press

图书在版编目(CIP)数据

企业财务会计职业能力训练 / 焦建平主编. -- 3 版. -- 苏州：苏州大学出版社, 2023.7（2025.7重印）
ISBN 978-7-5672-4235-7

Ⅰ. ①企… Ⅱ. ①焦… Ⅲ. ①企业管理-财务会计-高等职业教育-教材 Ⅳ. ①F275.2

中国版本图书馆 CIP 数据核字(2022)第 248073 号

### 企业财务会计职业能力训练(第三版)
焦建平　主编

责任编辑　薛华强

苏州大学出版社出版发行
(地址：苏州市十梓街1号　邮编：215006)
苏州市越洋印刷有限公司印装
(地址：苏州市吴中区南官渡路20号　邮编：215100)

开本 787 mm×1 092 mm　1/16　印张 13.75　字数 335 千
2023 年 7 月第 3 版　2025 年 7 月第 4 次印刷
ISBN 978-7-5672-4235-7　　定价：48.00 元

若有印装错误，本社负责调换
苏州大学出版社营销部　电话：0512-67481020
苏州大学出版社网址　http://www.sudapress.com
苏州大学出版社邮箱　sdcbs@suda.edu.cn

# 第三版前言

因为《财务会计实务》更名为《企业财务会计》，同时教材也进行了第三版修订，为使"职业能力训练"与教材配套和衔接，更好地实现教学目标，提升学生的职业能力，我们将《财务会计实务职业能力训练》同步更名为《企业财务会计职业能力训练》，同时进行了再修订。

本次修订在编排方式上保持了以前的特点，仍与教材相匹配，按照教材的项目、任务对应编写，可以完全配合课程教学进度，实现同步训练；修订主要将选择能力训练部分拆分为单项选择能力训练和多项选择能力训练，同时参照财政部会计财务评价中心初级会计实务的考试方式，增添了不定项选择能力训练，更好地实现了与会计职业资格证书的对接，让"课证融合"的特色更加凸显。我们相信，该书在巩固学生理论知识，提高学生职业技能方面将发挥重要的作用。

本次修订由江苏财会职业学院焦建平教授担任主编并进行最后的修订、定稿。江苏联合职业技术学院徐州财经分院钦祥永、常州旅游商贸分院吴菊香担任副主编。项目一、项目十二由焦建平负责修订；项目二、项目十四由江苏财会职业学院王语嘉负责修订；项目三、项目八、项目九由钦祥永负责修订；项目四、项目五、项目六、项目七由吴菊香负责修订；项目十、项目十一、项目十三由江苏联合职业技术学院南京财经分院史有萍负责修订。在修订过程中，我们参考了一些职业院校编写的习题集，也在网络上收集了一些相关资料，在此一并表示衷心感谢。由于时间仓促，编写水平有限，本书难免有不足之处，望广大同仁不吝赐教，在此深表谢意。

编　者

2023 年 3 月

# CONTENTS 目录

**项目一　认知财务会计、明晰核算依据**　001
　　任务一　认知财务会计　关注核算岗位　001
　　任务二　认知会计准则　明晰核算依据　002

**项目二　记录货币资金、维护资金安全**　006
　　任务一　核算与保管库存现金　006
　　任务二　核算与核对银行存款　011
　　任务三　认知其他货币资金　015

**项目三　认知结算方式、办理资金收付**　017
　　任务一　办理支票结算　017
　　任务二　办理银行汇票结算　021
　　任务三　办理银行本票结算　022
　　任务四　办理商业汇票结算　024
　　任务五　办理汇兑结算　026
　　任务六　办理委托收款结算　027
　　任务七　其他结算方式的办理　028

**项目四　记录应收款项、厘清债权资产**　029
　　任务一　核算应收票据　029
　　任务二　核算应收账款　032
　　任务三　核算预付账款　034

任务四　核算其他应收款　　038
　　任务五　核算坏账损失　　039

## 项目五　记录存货增减余、把握存货收发存　　045
　　任务一　认知存货的确认条件与计量方法　　045
　　任务二　原材料按实际成本计价的收发核算　　047
　　任务三　原材料按计划成本计价的收发核算　　053
　　任务四　核算周转材料　　059
　　任务五　核算委托加工物资　　063
　　任务六　核算库存商品　　065
　　任务七　核算存货的清查　　067
　　任务八　核算存货的减值准备　　069

## 项目六　认知金融资产、计量对外投资　　072
　　任务一　核算交易性金融资产　　072
　　任务二　核算债权投资　　077
　　任务三　认知企业合并　　079
　　任务四　核算长期股权投资　　080

## 项目七　记录固定资产增减变化、核算固定资产维修损耗　　089
　　任务一　认知固定资产　　089
　　任务二　核算固定资产的增加　　089
　　任务三　核算固定资产折旧　　096
　　任务四　核算固定资产后续支出　　101
　　任务五　核算固定资产的减少　　105

## 项目八　核算其他长期资产、关注其他经济资源　　112
　　任务一　核算投资性房地产　　112
　　任务二　核算无形资产　　116
　　任务三　核算使用权资产　　122
　　任务四　核算长期待摊费用　　124

## 项目九　记录流动负债、明确责任义务　　125
　　任务一　核算短期借款　　125
　　任务二　核算应付及预收款项　　127

任务三　核算应付职工薪酬　　131
　　任务四　核算应交税费　　139
　　任务五　核算其他流动负债　　147

项目十　记录非流动负债、明确长期义务　　149
　　任务一　核算长期借款　　149
　　任务二　核算应付债券　　151
　　任务三　核算长期应付款　　153

项目十一　记录投入资本、核算留存收益　　154
　　任务一　核算实收资本和资本公积　　154
　　任务二　核算留存收益　　159
　　任务三　其他综合收益　　164

项目十二　确认收入、记录费用、结转利润　　166
　　任务一　核算企业的收入　　166
　　任务二　核算企业的费用　　175
　　任务三　结转本年利润、进行利润分配　　180

项目十三　编制会计报表、呈现经营状况　　187
　　任务一　编制资产负债表　　187
　　任务二　编制利润表　　192
　　任务三　编制现金流量表　　197
　　任务四　编制所有者权益变动表　　199
　　任务五　编写附注　　200

项目十四　明晰非货币性资产交换、了解债务重组　　202
　　任务一　核算非货币性资产交换　　202
　　任务二　核算债务重组　　205

# 项目一

# 认知财务会计、明晰核算依据

## 任务一 认知财务会计 关注核算岗位

### 知识认知能力训练

#### 一、单项选择能力训练

1. 会计的主要计量单位是( )。
   A. 货币　　　　　B. 时间　　　　　C. 实物　　　　　D. 其他
2. 企业财务会计信息的外部使用者不包括( )。
   A. 投资人(股东)　　　　　　　　　B. 债权人
   C. 政府机构　　　　　　　　　　　D. 董事会成员

#### 二、多项选择能力训练

1. 企业财务会计按其信息报告对象的不同可以分为( )。
   A. 财务会计　　　B. 管理会计　　　C. 成本会计　　　D. 内部会计
2. 为贯彻内部控制中"钱、财、物分管"的原则,出纳人员不得兼管( )工作。
   A. 会计档案保管　　　　　　　　　B. 收入、费用账目登记
   C. 债权、债务账目登记　　　　　　D. 现金日记账登记
3. 会计职业领域已从传统的记账、算账、报账为主,拓展到( )等高端管理领域。
   A. 内部控制　　　B. 投融资决策　　C. 企业并购　　　D. 公司治理
4. 会计岗位的设置可以是( )。
   A. 一人一岗　　　B. 一人多岗　　　C. 一岗多人　　　D. 多人多岗
5. 会计人员的工作岗位一般可分为( )等。
   A. 会计机构负责人(会计主管)岗位　　B. 出纳岗位
   C. 收入、支出、债权债务核算岗位　　D. 总账岗位

### 三、判断能力训练

1. 财务会计主要是对外部使用者提供财务信息。（    ）
2. 财务会计提供的信息应该保证绝对精确。（    ）
3. 一般来说，大中型企业和具有一定规模的事业行政单位，以及财务收支数额较大、会计业务较多的社会团体和其他经济组织，都应单独设置会计机构。（    ）
4. 规模小的企业可以不单独设置会计机构，可以将会计业务并入其他职能部门，或者进行代理记账。（    ）
5. 出纳人员可以兼管稽核、会计档案保管及收入、费用、债权债务账目的登记工作。（    ）

## 任务二  认知会计准则  明晰核算依据

### 知识认知能力训练

#### 一、单项选择能力训练

1. （    ）界定了从事会计工作和提供会计信息的空间范围。
   A. 会计主体假设　　　　　　　　B. 持续经营假设
   C. 会计分期假设　　　　　　　　D. 货币计量假设
2. 会计核算上应用应收、应付、折旧、摊销等会计处理方法的基本前提是（    ）。
   A. 会计主体　　　　　　　　　　B. 实质重于形式
   C. 会计分期　　　　　　　　　　D. 持续经营
3. 在可预见的未来，企业将会按当前的规模和状态继续经营下去，不会停业，也不会大规模削减业务，这属于（    ）。
   A. 会计主体假设　　　　　　　　B. 持续经营假设
   C. 会计分期假设　　　　　　　　D. 货币计量假设
4. 会计人员不得把投资者个人支出计入企业账户，依据的会计核算假设是（    ）。
   A. 会计主体假设　　　　　　　　B. 持续经营假设
   C. 会计分期假设　　　　　　　　D. 货币计量假设
5. 企业对交易或者事项进行会计确认、计量和报告应当保持应有的谨慎，不应高估资产或者收益、低估负债或者费用，这所反映的是会计信息质量要求中的（    ）。
   A. 重要性　　　　　　　　　　　B. 实质重于形式

C. 谨慎性　　　　　　　　　　　　D. 及时性

6. 同一会计主体在不同会计期间尽可能采用相同的会计处理方法和程序,这一原则在会计上称为(　　)。
   A. 可比性原则　　　　　　　　　B. 可靠性原则
   C. 相关性原则　　　　　　　　　D. 实质重于形式原则

7. 我国企业会计准则规定,企业的会计核算应当以(　　)为基础。
   A. 权责发生制　　　　　　　　　B. 实地盘存制
   C. 永续盘存制　　　　　　　　　D. 收付实现制

8. 会计核算上将短期租赁、低价值资产租赁以外的所有租赁确认为使用权资产,体现的是(　　)的会计信息质量要求。
   A. 实质重于形式　　　　　　　　B. 谨慎性
   C. 相关性　　　　　　　　　　　D. 及时性

## 二、多项选择能力训练

1. 我国 2006 年的企业会计准则体系由(　　)三个层次组成。
   A. 基本准则　　　　　　　　　　B. 具体准则
   C. 准则应用指南　　　　　　　　D. 政府会计准则

2. 会计中期包括(　　)。
   A. 年度　　　B. 半年度　　　C. 季度　　　D. 月度

3. 下列各项中,体现谨慎性原则要求的是(　　)。
   A. 存货的初始计量采用历史成本计价　　B. 对应收账款计提坏账准备
   C. 当期销售收入与费用配比　　　　　　D. 对无形资产计提减值准备

4. 根据权责发生制原则,应计入本期收入和费用的会计事项有(　　)。
   A. 本期实现的收入并已收款　　　B. 本期实现的收入尚未收款
   C. 属于本期的费用尚未支付　　　D. 属于以后各期的费用但已支付

5. 企业在对会计要素计量时一般应采用(　　)。
   A. 公允价值　　B. 实际成本　　C. 重置成本　　D. 现值

6. 下列各项中,不属于企业资产的是(　　)。
   A. 持有待售的存货　　　　　　　B. 短期租入的设备
   C. 存出投资款　　　　　　　　　D. 盘亏的固定资产

## 三、判断能力训练

1. 会计假设决定了会计信息不可能是真实的。(　　)
2. 法律主体必定是会计主体,会计主体也必定是法律主体。(　　)
3. 根据谨慎性原则,企业要定期对可能发生的各项资产损失计提减值准备,这体现了谨慎性原则对历史成本原则起着修正的作用。(　　)

4. 谨慎性原则意味着在会计核算中可以少计资产或收益,多计负债或费用,从而使企业的净资产和利润较低。（  ）

5. 根据《企业会计准则——基本准则》的规定,我国境内企业必须以人民币作为记账本位币进行核算。（  ）

6. 根据《企业会计准则——基本准则》规定,所有企业都应以权责发生制作为基础进行核算。（  ）

7. 实质重于形式要求企业应当按照交易或者事项的经济实质进行会计确认、计量和报告,不应仅以交易或者事项的法律形式为依据。（  ）

8. 某一会计事项是否具有重要性,在很大程度上取决于会计人员的职业判断,对于同一会计事项,在某一企业具有重要性,在另一企业则不一定具有重要性。（  ）

9. 满足会计信息可比性的要求,就要求企业不能变更会计政策。（  ）

10. 当企业改变会计政策后能够更恰当地反映其财务状况和经营成果时,企业可以对其采用的会计政策做出变更,这不违背会计核算的可比性原则。（  ）

## 专业应用能力训练

### 训练一

**资料**　某会计师事务所是由王某、刘某合伙创建的,经营过程中的业务收支以人民币为主。该会计师事务所在6月份发生了下列经济业务,并由会计做了相应的处理:

(1) 6月5日,王某从事务所出纳处拿了280元现金给自己的孩子购买玩具,会计将280元记为事务所的办公费支出。

(2) 6月15日,会计将6月1日—15日的收入、费用汇总后计算出半个月的利润,并编制了财务报表。

(3) 6月20日,事务所收到某外资企业支付的业务咨询费2 000美元,会计人员没有将其结汇,而直接存入公司开设的美元账户中。

(4) 6月30日,支付下季度房租3 000元,全部作为6月份的费用。

**要求**　根据上述资料,分析该事务所的会计在处理这些经济业务时是否完全正确,若有错误,请说明主要是违背了哪项会计假设。

### 训练二

**资料**　根据某企业3月份发生的经济业务计算并填列下表(不考虑增值税)。

(1) 销售产品40 000元,款已收到存入银行。

(2) 收到某单位还来上月所欠货款35 000元。

(3) 销售产品20 000元,本月未收到货款。

(4) 某单位交来预付货款25 000元,订购本企业产品。

(5) 预付第二季度财产保险费1 200元。

(6) 支付本季度借款利息共3 200元(1月份1 000元,2月份1 050元)。

（7）用银行存款支付本月广告费 30 000 元。

**要求** 分别采用权责发生制和收付实现制计算 3 月份的收入和费用。

| 业务号 | 权责发生制 | | 收付实现制 | |
|---|---|---|---|---|
| | 收入 | 费用 | 收入 | 费用 |
| （1） | | | | |
| （2） | | | | |
| （3） | | | | |
| （4） | | | | |
| （5） | | | | |
| （6） | | | | |
| （7） | | | | |
| 合计 | | | | |

## 拓展阅读与训练

### 案例资料

企业资产计价的方法一般应采用历史成本计价，但在不同的环境中，应从不同的角度来思考。如某企业：

(1) 资产账面价值　　14.7 亿元
(2) 负债　　　　　　7.9 亿元
(3) 净资产　　　　　6.8 亿元
(4) 评估价值　　　　6.0 亿元
(5) 拍卖底价　　　　3.8 亿元

### 案例思考

（1）该交易中最能反映资产价值的金额是多少？
（2）假如贵公司准备参加竞拍，将如何设置竞拍价格？

# 项目二

# 记录货币资金、维护资金安全

## 任务一　核算与保管库存现金

### 知识认知能力训练

#### 一、单项选择能力训练

1. 我国会计上所说的现金是指企业的(　　)。
   A. 库存现金
   B. 库存现金和银行存款
   C. 库存现金、银行存款和有价证券
   D. 库存现金、银行存款和有价证券及其他货币资金
2. 下列各项中,根据《现金管理暂行条例》规定,不能用现金结算的是(　　)。
   A. 职工工资和津贴　　　　　　　B. 按规定发给个人的奖金
   C. 向个人收购农副产品的价款　　D. 向农业企业收购农副产品的价款
3. 每日终了,应根据登记完毕的"现金日记账"的结余数与(　　)核对相符。
   A. 支票备查簿　　　　　　　　　B. "现金"总账
   C. 现金收付款凭证　　　　　　　D. 库存现金实有数
4. 库存现金明细分类核算采用的明细分类账簿是(　　)。
   A. 库存现金总账　　　　　　　　B. 库存现金日记账
   C. 科目汇总表　　　　　　　　　D. 现金收付款凭证
5. 库存现金限额一般为不超过(　　)的日常零星开支量。
   A. 3天　　　　B. 5天　　　　C. 3～5天　　　　D. 15天
6. 库存现金清查中发现的现金短缺,应及时根据"库存现金盘点报告表"进行账务处理,会计分录借方为(　　)。
   A. 管理费用
   B. 待处理财产损溢———待处理流动资产损溢
   C. 营业外支出

D. 其他业务支出

7. 确定无法查明原因的定额内的现金短款,经批准后应记入( )。
   A. 其他应付款　　　　　　　　　B. 管理费用
   C. 营业外支出　　　　　　　　　D. 待处理财产损溢

8. 企业对无法查明原因的现金溢余,经批准后应转入( )科目。
   A. 主营业务收入　　　　　　　　B. 其他业务收入
   C. 其他应付款　　　　　　　　　D. 营业外收入

9. 2022年7月31日,某企业进行现金清查时发现库存现金短款300元。经批准,应由出纳员赔偿180元,其余120元无法查明原因,由企业承担损失。不考虑其他因素,该业务对企业当期营业利润的影响金额为( )元。
   A. 0　　　　　B. -120　　　　　C. -300　　　　　D. -180

## 二、多项选择能力训练

1. 货币资金按存放的地点和用途可分为( )。
   A. 库存现金　　　　　　　　　　B. 银行存款
   C. 其他货币资金　　　　　　　　D. 其他单位和个人所欠现金

2. 下列情形中,违背办理货币资金业务的不相容岗位相互分离、制约和监督原则的有( )。
   A. 由出纳人员兼任会计档案保管工作
   B. 由出纳人员保管签发支票所需全部印章
   C. 由出纳人员兼任收入总账和明细账的登记工作
   D. 由出纳人员兼任固定资产明细账及总账的登记工作

3. 下列项目中,属于现金开支范围的有( )。
   A. 支付职工工资、津贴
   B. 支付给个人的劳动报酬
   C. 结算起点1 000元以下的零星开支
   D. 用收回的销货款直接支付个人的款项

4. 现金收支的内部控制制度包括( )。
   A. 建立现金交易和事项的日常处理程序
   B. 指定专人负责现金的收入、支出和保管
   C. 填制收付款原始凭证的人员与收付款人员的职责分开
   D. 实行钱账分管制度

## 三、判断能力训练

1. 我国会计上所说的现金仅指企业库存的人民币现金,不包括外币现金。( )
2. 不管什么情况下,企业一律不准坐支现金。( )

3．在进行现金核对时,库存现金实有数,包括借条、收据等在内,必须与现金日记账的账面余额相符合。（　　）

4．企业的财务专用章应由专人保管,法人个人名章必须由本人或其授权人员保管。严禁一人保管支付款项所需的全部印章。（　　）

# 专业应用能力训练

## 训练一

**资料**　南方公司2022年9月30日发生如下经济业务：

（1）开出现金支票一张,从银行提取现金5 000元。

（2）职工王静出差,借支差旅费1 500元,以现金支付。

（3）李华(办公室员工)出差回来报销差旅费,原借支2 500元,实报销2 650元,差额150元用现金补付。

（4）将现金1 800元送存银行。

（5）企业在现金清查中,发现现金短缺200元。

（6）上述短款原因已查明,是出纳员陈红工作失职造成的,陈红当即交回现金200元以作赔偿。

**要求**

（1）根据以上经济业务编制会计分录。

（2）登记现金日记账。

| 2022 | | 凭证 | | 摘要 | 对应科目 | 收入 | 支出 | 结余 |
| --- | --- | --- | --- | --- | --- | --- | --- | --- |
| 年 | 月 | 类别 | 号数 | | | | | |
| 9 | 29 | | | 承前页 | | 213 400 | 212 900 | 500 |
| | | | | | | | | |
| | | | | | | | | |
| | | | | | | | | |
| | | | | | | | | |
| | | | | | | | | |
| | | | | | | | | |
| | | | | | | | | |

## 训练二

**资料**　甄别相关原始凭证,写出相关会计分录(或填制相关记账凭证)。(假设该企业为小规模纳税人)

**1-1**

```
中国工商银行
现金支票存根
BB 10321771
02
附加信息_____
_____
_____
出票日期2022年6月1日
收款人：吴清源
金　额：¥2 000
用　途：差旅费
单位主管　　会计
```

**1-2**

## 借　款　单
### 2022年6月1日

| 借款部门 | 销售科 | 职别 | 科员 | 出差人姓名 | 吴清源 |
|---|---|---|---|---|---|
| 借款事由 | 联系业务 | | | 出差地点 | 武汉 |
| 预借款金额人民币(大写) | 贰仟元整 | | | | ¥2 000 |
| 部门负责人审批意见：同意 | | 李慧 | 主管部门负责人审批意见：同意 | | 孙思奇 |

收款人：吴清源

**2-1**

## 差旅费报销单

单位：销售科　　　　　　　　　　　　　　　　　　　填报日期：2022年6月6日

| 姓　名 | 吴清源 | 出差事由 | 联系业务 | | | 出差地点 | 武汉 | | | | | |
|---|---|---|---|---|---|---|---|---|---|---|---|---|
| 起讫时间及地点 | | | 车船费 | | 夜间乘车补助费 | | | 出差补助费 | | | 住宿费 | | | 其他 | |
| 月 | 日 | 起 | 月 | 日 | 讫 | 类别 | 金额 | 时间 | 标准 | 金额 | 天数 | 标准 | 金额 | 天数 | 标准 | 金额 | 摘要 | 金额 |
| 6 | 1 | ~ | 6 | 5 | | | 140 | | | | 5 | 60 | 300 | 4 | | 1 060 | | |
| | | | | | | | | | | | | | | | | | | |
| | | | | | | | | | | | | | | | | | | |
| 小　　计 | | | | | | | 140 | | | | | | 300 | | | 1 060 | | |
| 总计金额（大写） | | 壹仟伍佰零拾零元零角零分 | | | | | | 预支 2 000 元　核销 1 500 元　退补退 500 元 | | | | | | | | | | |

主管：李明　　　　　　　　审核：陈红　　　　　　　　填报人：李芸

## 2-2

### 收 款 收 据

日期：2022 年 6 月 6 日    NO 039016

| 缴款单位或个人 | 吴清源 | 款项内容 | 差旅费余款 | | | | | | | | | |
|---|---|---|---|---|---|---|---|---|---|---|---|---|
| 人民币（大写） | 伍佰元整 | | | 万 | 百 | 十 | 万 | 千 | 百 | 十 | 元 | 角 | 分 | 收款方式 |
| | | | | | | | | ¥ | 5 | 0 | 0 | 0 | 0 | 现金 |
| 收款单位盖章 | 常州红河有限公司 | 收款人盖章 | 王晓 | 摘要 | | | | | | | | |

第二联 收款单位记账依据

## 3-1

### 江苏省增值税普通发票

No 2398988777

发票联    开票日期：2022 年 10 月 10 日

| 购买方 | 名　　称：常州红河有限公司<br>纳税人识别号：320615445421265728<br>地址、电话：常州市建安路108号<br>开户行及账号：工行常州和平分行<br>　　　　　　　680394184-89 | 密码区 | 67/＊＋3＊0/611＊++0/+0＊/＊+3+2/9<br>＊11＋＊66666＊＊066611＊+66666＊1＊＊+<br>216＊＊＊6000＊261＊2＊4/＊547203994<br>＋－42＊64151＊6915361/3＊ |
|---|---|---|---|

| 货物或应税劳务、服务名称 | 规格型号 | 单位 | 数量 | 单价 | 金额 | 税率 | 税额 |
|---|---|---|---|---|---|---|---|
| 稿纸 | | 本 | 300 | 2 | 600.00 | 3% | 18 |
| 签字笔 | | 支 | 120 | 1 | 120.00 | 3% | 3.6 |
| 笔记本 | | 本 | 240 | 3.5 | 840.00 | 3% | 25.2 |
| 静电复印纸 | | 箱 | 5 | 100 | 500.00 | 3% | 15 |
| 合　　计 | | | | | ¥ 2 060.00 | | ¥61.8 |

| 价税合计（大写） | 贰仟壹佰贰拾壹元捌角整 | （小写）¥ 2 121.80 |
|---|---|---|

| 销售方 | 名　　称：大发百华有限责任公司<br>纳税人识别号：<br>地址、电话：<br>开户行及账号： | 备注 | （发票专用章） |
|---|---|---|---|

收款人：　　　复核：　　　开票人：夏表　　　销售方：(章)

第二联 发票联 购买方记账凭证

# 任务二 核算与核对银行存款

## 知识认知能力训练

### 一、单项选择能力训练

1. 按照国家《银行账户管理办法》规定,企业的工资、奖金等现金的支取,只能通过(　　)办理。
   A. 基本存款账户　　　　　　　　B. 一般存款账户
   C. 临时存款账户　　　　　　　　D. 专用存款账户

2. 对于银行已入账而企业尚未入账的未达账款,企业应当(　　)。
   A. 根据"银行对账单"入账
   B. 根据"银行存款余额调节表"入账
   C. 根据对账单和调节表自制凭证入账
   D. 待有关结算凭证到达后入账

3. 2022年9月30日,某企业银行存款日记账账面余额为216万元,收到银行对账单的余额为212.3万元。经逐笔核对,该企业存在以下记账差错及未达账项,从银行提取现金6.9万元,会计人员误记为9.6万元;银行为企业代付电话费6.4万元,但企业未接到银行付款通知,尚未入账。9月30日调节后的银行存款余额为(　　)万元。
   A. 212.3　　　　B. 225.1　　　　C. 205.9　　　　D. 218.7

### 二、多项选择能力训练

1. 下列账款属于未达账项的有(　　)。
   A. 企业已办妥并支付给客户的银行汇票
   B. 企业签发现金支票,持票人尚未到银行提取现金
   C. 银行收到委托收款的款项但收款通知尚未送达企业
   D. 银行划付电话费但付款通知尚未送达企业

2. 在(　　)情况下,企业银行存款日记账余额会小于银行对账单余额。
   A. 企业开出支票,对方未到银行支取现金
   B. 银行误将其他公司的存款计入本企业银行存款
   C. 银行代扣水电费,企业尚未接到通知
   D. 银行收到委托收款结算方式下的结算款项,企业尚未收到收款通知

3. 企业银行存款日记账与银行对账单不符的主要原因有（　　）。
   A. 存在企业已付银行未付的账项　　　　B. 存在企业已收银行未收的账项
   C. 存在银行已付企业未付的账项　　　　D. 企业或银行记账错误
4. 银行存款日记账可根据（　　）设置。
   A. 开户银行　　　B. 其他金融机构　　　C. 存款种类　　　D. 货币种类

### 三、判断能力训练

1. 每个企业只能在银行开立一个基本账户，企业的工资、奖金等现金的支取只能通过该账户办理。（　　）
2. 银行存款余额调节表是调整企业银行存款账面余额的原始凭证。（　　）
3. 未达账款是指企业与银行之间由于凭证传递上的时间差，一方已登记入账而另一方尚未入账的账项。（　　）
4. 银行存款余额调节表一般由出纳人员编制。（　　）

## 专业应用能力训练

### 训练一

**资料**　南方公司 2022 年 10 月 31 日银行存款日记账的余额为 5 400 000 元，银行转来对账单的余额为 5 330 000 元。经逐笔核对，发现以下未达账项：
（1）企业送存转账支票 600 000 元，并已登记银行存款增加，但银行尚未记账。
（2）企业开出转账支票 450 000 元，但持票单位尚未到银行办理转账，银行尚未记账。
（3）企业委托银行代收某公司购货款 480 000 元，银行已收妥并登记入账，但企业尚未收到收款通知，尚未记账。
（4）银行代企业支付电费 400 000 元，银行已登记企业银行存款减少，但企业未收到银行付款通知，尚未记账。

**要求**　根据资料，编制"银行存款余额调节表"。

银行存款余额调节表

| 项　目 | 金　额 | 项　目 | 金　额 |
| --- | --- | --- | --- |
| 企业银行存款日记账余额<br>　加：银行已收、企业未收款<br>　减：银行已付、企业未付款 | | 银行对账单余额<br>　加：企业已收、银行未收款<br>　减：企业已付、银行未付款 | |
| 调节后的存款余额 | | 调节后的存款余额 | |

### 训练二

甄别相关原始凭证，写出相关会计分录（或填制相关记账凭证）。

1-1

邮

## 中国工商银行托收承付凭证（收账通知）

委托日期：2022年9月12日
承付日期：2022年9月24日

| 付款人 | 全　　称 | 龙丰机械厂 | 收款人 | 全　　称 | 常州红河有限公司 |
|---|---|---|---|---|---|
| | 账号或地址 | 644555666 | | 账号或地址 | 680394184-89 |
| | 开户银行 | 工行无锡友谊路办事处 | | 开户银行 | 工行常州和平分行 |

| 托收金额 | 人民币(大写)：壹拾万元整 | 千 | 百 | 十 | 万 | 千 | 百 | 十 | 元 | 角 | 分 |
|---|---|---|---|---|---|---|---|---|---|---|---|
| | | ¥ | 1 | 0 | 0 | 0 | 0 | 0 | 0 | 0 | 0 |

| 附　　件 | 商品发运情况 | 合同名称号码 |
|---|---|---|
| 附寄单证：4张 | 铁路 | 958 |

| 备注： | 上列款项已由付款人付清，金额划回收入你方账户。此致！收款人（收款人开户行盖章） | 对方科目：<br>转账日期：2022年9月24日<br>单位主管：　　会计：<br>复核：　　记账： |
|---|---|---|

（中国工商银行常州和平分行 2022.9.24 转讫）

---

2-1

## 江苏省增值税普通发票

No 2398988777

开票日期：2022年10月7日

| 购买方 | 名　　称 | 常州红河有限公司 | 密码区 | 67/ ＊ +3＊0/611 ＊++0/+0＊/＊ +3+2/9<br>＊11 ＊+66666＊＊066611 ＊+66666＊1 ＊＊＊<br>216 ＊＊＊6000＊261＊2＊4/＊ 547203994<br>+- 42＊64151＊6915361/3＊ |
|---|---|---|---|---|
| | 纳税人识别号 | 32061544542 | | |
| | 地址、电话 | 常州市建安路108号 | | |
| | 开户行及账号 | 工行常州和平分行<br>680394184-89 | | |

| 货物或应税劳务、服务名称 | 规格型号 | 单位 | 数量 | 单价 | 金额 | 税率 | 税额 |
|---|---|---|---|---|---|---|---|
| 餐费 | | | | | 2 446.60 | 3% | 73.40 |
| 合　计 | | | | | ¥ 2 446.60 | | ¥ 73.40 |

| 价税合计(大写) | 贰仟伍佰贰拾元整 | (小写) ¥ 2 520.00 |
|---|---|---|

| 销售方 | 名　　称 | 常州新福记大酒店 | 备注 | |
|---|---|---|---|---|
| | 纳税人识别号 | 32019510133090 | | |
| | 地址、电话 | 常州市东安南路79号 | | |
| | 开户行及账号 | 建行常州新区支行<br>432983041327 | | |

收款人：　　复核：　　开票人：　　销售方：(章)

2-2

```
中国工商银行
转账支票存根
EF
—— 22822627
02
附加信息
_____
_____
_____
出票日期 2022 年 10 月 7 日
收款人：常州新福记大酒店
金   额：¥2 520.00
用   途：餐费
备   注：账号 2300045678999
单位主管      会计
```

# 拓展阅读与训练

## 案例资料

### 自掏腰包与隐匿不报！

星海公司出纳员小王由于刚参加工作不久，对于货币资金业务管理和核算的相关规定不甚了解，所以出现了一些不应有的错误。有两件事情让他印象深刻，至今记忆犹新。第一件事是在 2022 年 6 月 8 日和 10 日两天的现金业务结束后例行的现金清查中，分别发现现金短缺 50 元和现金溢余 20 元的情况，对此他经过反复思考也弄不明白原因。为了保全自己的面子和息事宁人，同时又考虑到两次账实不符的金额很小，他决定采取下列办法进行处理：现金短缺 50 元，自掏腰包补齐；现金溢余 20 元，暂时收起。第二件事是星海公司经常对其银行存款的实有额心中无数，甚至有时会影响到公司日常业务的结算，公司经理因此指派有关人员检查小王的工作，结果发现，他每次编制银行存款余额调节表时，只根据公司银行存款日记账的余额加或减对账单中企业的未入账款项来确定公司银行存款的实有数，而且每次做完此项工作以后，小王就立即将这些未入账的款项登记入账。

（1）小王对上述两项业务的处理是否正确？为什么？
（2）如果不对，请给出正确答案。

## 任务三 认知其他货币资金

### 知识认知能力训练

#### 一、单项选择能力训练

1. 企业办理的银行汇票,应通过(  )账户核算。
   A. 银行存款          B. 其他货币资金
   C. 在途货币资金      D. 库存现金
2. 不属于其他货币资金核算范围的是(  )。
   A. 银行汇票存款      B. 信用证保证金存款
   C. 商业汇票          D. 银行本票存款
3. 企业对已存入证券公司但尚未进行证券投资的资金进行会计处理时,应借记的会计科目是(  )。
   A. 银行存款          B. 交易性金融资产
   C. 其他应收款        D. 其他货币资金

#### 二、多项选择能力训练

1. 其他货币资金包括(  )。
   A. 银行汇票存款      B. 银行本票存款
   C. 外埠存款          D. 存出投资款
2. 应用"其他货币资金"科目核算的票据有(  )。
   A. 支票     B. 银行汇票     C. 商业汇票     D. 银行本票

#### 三、判断能力训练

1. 其他货币资金是指除现金、银行存款以外的处于货币形态的资金,包括银行汇票和备用金等。(  )
2. 企业用银行汇票支付购货款时,应通过"应付票据"账户核算。(  )
3. 企业存放在信用卡上的资金也是用"其他货币资金"核算的。(  )

## 专业应用能力训练

### 训练一

**资料** 南方公司9月发生如下经济业务：

(1) 5日，委托银行开出银行汇票50 000元，有关手续已办妥，采购员李强持汇票到外地A市采购材料。

(2) 7日，委派采购员张山到外地B市采购材料，委托银行汇款100 000元到B市开立采购专户。

(3) 13日，张山在B市的采购结束，增值税专用发票上列明的材料价款为80 000元，增值税10 400元，款项共90 400元，材料已验收入库。同时接到银行多余款收账通知，退回余款9 600元。

(4) 24日，公司购买办公用品用信用卡付款，专用发票注明价格2 000元，增值税260元。收到银行转来的信用卡存款的付款凭证及所附账单，经审核无误。

**要求** 根据以上经济业务，编制会计分录。

### 训练二

**资料** 南方公司10月发生以下业务：

(1) 20日，将180 000元款项汇入广州临时采购专用账户。

(2) 销售产品，售价30 000元，增值税率13%，收到对方单位转来的银行本票一张，存入银行。

(3) 22日，将100 000元款项从企业存款户转入企业在证券公司的资金账户上。

(4) 23日，向银行申请并取得银行本票一张，金额150 000元，款项从本企业银行存款账户中划出。

**要求** 根据以上资料，编制会计分录。

# 项目三

# 认知结算方式、办理资金收付

## 任务一　办理支票结算

### 知识认知能力训练

#### 一、单项选择能力训练

1. 支票的金额起点为(　　)元。
   A. 100　　　　　　B. 500　　　　　　C. 1 000　　　　　　D. 5 000
2. 支票的提示付款期限为自出票日起(　　)内。
   A. 1个月　　　　　B. 2个月　　　　　C. 10天　　　　　　D. 6个月
3. 核算支票的科目是(　　)。
   A. 库存现金　　　　　　　　　　　　B. 银行存款
   C. 其他货币资金　　　　　　　　　　D. 应收票据

#### 二、多项选择能力训练

1. 可用于同城结算的结算方式有(　　)。
   A. 支票　　　　　B. 银行汇票　　　　C. 商业汇票　　　　D. 银行本票
2. 银行票据结算方式是指通过《票据法》规定的(　　)等工具来结清资金的结算方式。
   A. 支票　　　　　B. 银行汇票　　　　C. 商业汇票　　　　D. 银行本票
3. 银行其他结算方式是指银行票据结算方式之外的结算方式,一般包括(　　)。
   A. 汇兑　　　　　　　　　　　　　　B. 委托收款
   C. 微信、支付宝　　　　　　　　　　D. 银行本票
4. (　　)等结算方式既可用于同城结算,又可用于异地结算。
   A. 银行汇票　　　B. 商业汇票　　　　C. 委托收款　　　　D. 信用证

5. 签发支票时,(　　)发生错误,不得更改,更改则无效,发生错误时只能作废重开。
   A. 收款人姓名　　　B. 出票日期　　　C. 金额　　　D. 备注

6. 支票共有四种,分别为现金支票、转账支票、普通支票和划线支票,其中(　　)只能用于转账,不得用于支取现金。
   A. 现金支票　　　B. 转账支票　　　C. 普通支票　　　D. 划线支票

### 三、判断能力训练

1. 支票的出票日期应为大写,月份为 1、2 和 10 的前加"零",分别写为零壹月、零贰月、零壹拾月。(　　)

2. 支票的出票日期应为大写,日为 1~9、10、20、30 前加"零",如 1 日为零壹日、20 日为零贰拾日、30 日为零叁拾日,日为 11~19 的前加"壹"。(　　)

3. 现金支票是可以背书转让的。(　　)

## 专业应用能力训练

### 训练一

**资料:**

企业名称:徐州纺织机械厂　　　　地址:徐州市南阳路 291 号
开户银行:工行和平分行　　　　　基本账户账号:680394342-78
法人代表:王军

(1) 2022 年 6 月 10 日,徐州纺织机械厂从江苏新华股份有限公司购买产品,开出转账支票支付货款,金额为 168 731.20 元。

| 中国工商银行 转账支票存根 | 中国工商银行　　转账支票　　支票号码 NO 21814789 |
|---|---|
| 支票号码:NO2184780　附加信息 | 出票日期(大写):　　年　月　日　　付款行名称:<br>收款人:　　　　　　　　　　　　　出票人账号: |
| 出票日期　年　月　日<br>收款人:<br>金　额:<br>用　途:<br>单位主管　　会计 | 人民币(大写)　亿 仟 佰 十 万 仟 佰 十 元 角 分<br>用途:<br>上列款项请从我账户内支付<br>出票人签章　　　　复核　　　　记账<br>本支票付款期限十天 |

(2) 2022年6月18日,收到江苏彭城公司(开户银行:中国银行徐州复兴路支行;账号:200756876-12)开具的转账支票一张,金额为196 560元,系上月销售商品货款,于当日填制"进账单"交存银行。

中国银行　进账单（收账通知或回单）　No 3007722

年　月　日

| 付款人 | 全称 | | 收款人 | 全称 | |
|---|---|---|---|---|---|
| | 账号 | | | 账号 | |
| | 开户银行 | | | 开户银行 | |

人民币（大写）　　千百十万千百十元角分

票据种类　　票据张数
票据号码

复核　　记账　　收款单位开户行盖章

此联是回单

**要求**　根据以上资料以徐州纺织机械厂作为会计主体填制原始凭证。

### 训练二

甄别相关原始凭证,写出相关会计分录(或填制相关记账凭证)。

**1-1**

中国工商银行
转账支票存根
BB 08867704
　02
附加信息

出票日期 2022 年 6 月 26 日
收款人：江苏省展销中心
金　额：¥16 000.00
用　途：展览费
单位主管　　会计

**1-2**

3100931000

**江苏省增值税专用发票**　　No 00286809

发票联　开票日期：2022 年 6 月 27 日

| 购货单位 | 名　称：徐州纺织机械厂　　　　　　　　　　密码区 | 21 <+ 6 + 14//295/81 − 283/ *< 81 *+ 0735825/ > 06059 > 907 < 953266 *26 <6 + 61 −>+ 31 ++ 7 − 6 <54391 *3 − +>> 09 | 加密版本：01 3100931000 00286809 |
|---|---|---|---|
| | 纳税人识别号：320305689740506 | | |
| | 地址、电话：徐州市南阳路291号 | | |
| | 开户行及账号：工行和平分行 680394342−78 | | |

| 货物或应税劳务名称 | 规格型号 | 单位 | 数量 | 单价 | 金额 | 税率 | 税额 |
|---|---|---|---|---|---|---|---|
| 展览费 | | 次 | 1 | 15 094.34 | 15 094.34 | 6% | 905.66 |
| 合计 | | | | | ¥ 15 094.34 | | ¥ 905.66 |

| 价税合计（大写） | 壹万陆仟元整 | （小写）¥ 16 000 |
|---|---|---|

| 销货单位 | 名　称：江苏省展销中心 | 备注 |
|---|---|---|
| | 纳税人识别号：320105793256876 | |
| | 地址、电话：淮河路67号 63292439 | |
| | 开户行及账号：工行淮河分行 380419673 − 69 | |

收款人：×××　　复核：×××　　开票人：陈奇　　销货单位：（章）

第一联　发票联　购货方记账凭证

---

**1-3**

3100931000

**江苏省增值税专用发票**　　No 00286809

抵扣联　开票日期：2022 年 6 月 27 日

| 购货单位 | 名　称：徐州纺织机械厂　　　　　　　　　　密码区 | 21 <+ 6 + 14//295/81 − 283/ *< 81 *+ 0735825/ > 06059 > 907 < 953266 *26 <6 + 61 −>+ 31 ++ 7 − 6 <54391 *3 − +>> 09 | 加密版本：01 3100931000 00286809 |
|---|---|---|---|
| | 纳税人识别号：320305689740506 | | |
| | 地址、电话：徐州市南阳路291号 | | |
| | 开户行及账号：工行和平分行 680394342−78 | | |

| 货物或应税劳务名称 | 规格型号 | 单位 | 数量 | 单价 | 金额 | 税率 | 税额 |
|---|---|---|---|---|---|---|---|
| 展览费 | | 次 | 1 | 15 094.34 | 15 094.34 | 6% | 905.66 |
| 合计 | | | | | ¥ 15 094.34 | | ¥ 905.66 |

| 价税合计（大写） | 壹万陆仟元整 | （小写）¥ 16 000 |
|---|---|---|

| 销货单位 | 名　称：江苏省展销中心 | 备注 |
|---|---|---|
| | 纳税人识别号：320105793256876 | |
| | 地址、电话：淮河路67号 63292439 | |
| | 开户行及账号：工行淮河分行 380419673 − 69 | |

收款人：×××　　复核：×××　　开票人：陈奇　　销货单位：（章）

第二联　抵扣联　购货方记账凭证

## 任务二 办理银行汇票结算

### 知识认知能力训练

#### 一、单项选择能力训练

1. 银行汇票是(　　)签发的,由其在见票时按照实际结算金额无条件支付给收款人或持票人的票据。
   A. 出票银行　　　　B. 付款人　　　　C. 收款人　　　　D. 承兑人
2. 核算银行汇票存款的科目是(　　)。
   A. 应收票据　　　　　　　　　　B. 应付票据
   C. 银行存款　　　　　　　　　　D. 其他货币资金

#### 二、判断能力训练

1. 不论同城、异地,单位和个人的各种款项的结算均可采用银行汇票结算。(　　)
2. 银行汇票付款期为1个月,不分大月、小月一律按次月对日计算,到期日遇节假日顺延。(　　)
3. 银行汇票可以用于转账,填明"现金"字样的银行汇票也可以用于支取现金。(　　)

### 专业应用能力训练

**资料**

(1) 2022年6月16日,徐州纺织机械厂向开户银行提出申请办理银行汇票1张,金额为45 000元,收款人为天津通达食品公司(开户银行:建行天津南开分理处;行号:3465;账号:45687-1),款项从本公司银行存款账户划出。

## 中国银行　银行汇票申请书（存根）　1　　第　号

申请日期　年　月　日

| 申请人 | | 收款人 | |
|---|---|---|---|
| 账　号或住址 | | 账　号或住址 | |
| 用　途 | | 代　理付款行 | |
| 汇款金额 | 人民币（大写） | | 万百十万千百十元角分 |

以上款项请从我账户内支付

科目_____
对方科目_____

申请人盖章　　财务主管　复核　经办

此联申请人留存

（2）22 日，向天津通达食品公司采购结束，增值税专用发票上列明的材料价款为 30 000 元，增值税 3 900 元，货款共计 33 900 元。用银行汇票支付。

（3）25 日，接银行多余款收款通知，银行汇票多余款已经转入本公司账户。

（4）30 日，销售产品，售价 80 000 元，增值税 10 400 元，收到购买方交来的银行汇票一张，银行汇票金额 100 000 元，实际结算金额 90 400 元。填写进账单后已办妥进账手续。

要求

（1）根据 6 月 16 日业务填制原始凭证。

（2）根据上述业务编制会计分录或记账凭证。

## 任务三　办理银行本票结算

### 知识认知能力训练

#### 一、单项选择能力训练

1. 核算银行本票存款的科目是(　　)。
   A. 应收票据　　　B. 应付票据　　　C. 银行存款　　　D. 其他货币资金
2. 银行本票的提示付款期限自出票日起最长不得超过(　　)。
   A. 10 天　　　　B. 1 个月　　　　C. 2 个月　　　　D. 6 个月

## 二、多项选择能力训练

1. 允许背书转让的票据有(　　)。
   A. 转账支票　　　B. 银行本票　　　C. 商业汇票　　　D. 银行汇票
2. 需要记名的票据有(　　)。
   A. 支票　　　　　B. 银行本票　　　C. 商业汇票　　　D. 银行汇票
3. 银行本票可分为定额本票和不定额本票两种,定额本票的面额分为(　　)。
   A. 1 000元　　　 B. 5 000元　　　 C. 10 000元　　　D. 50 000元

## 三、判断能力训练

1. 签发银行本票的出票人必须是经过人民银行当地分支行批准办理银行本票业务的银行机构。(　　)
2. 单位和个人在同一票据交换区域需要支付各种款项,均可以使用银行本票办理。(　　)

# 专业应用能力训练

**资料**

(1) 2022年6月19日,徐州纺织机械厂销售产品,售价30 000元,增值税率13%,收到对方单位转来的银行本票一张,已办妥入账手续。

(2) 2022年6月23日,向银行申请并取得银行本票一张,金额150 000元,款项已由本公司存款账户划出。

**要求**　根据上述资料进行会计处理。

# 任务四 办理商业汇票结算

## 知识认知能力训练

### 一、单项选择能力训练

1. 企业支付的银行承兑汇票手续费应计入(  )。
   A. 管理费用  B. 财务费用  C. 营业外支出  D. 其他业务成本
2. 对逾期未获支付的应收商业承兑汇票,企业应做的账务处理是(  )。
   A. 借：应收账款  
   　　贷：应收票据
   B. 借：坏账准备  
   　　贷：应收票据
   C. 借：其他应收款  
   　　贷：应收票据
   D. 不做分录
3. 不属于其他货币资金核算范围的是(  )。
   A. 银行汇票存款  B. 信用证保证金存款
   C. 商业汇票  D. 银行本票存款
4. 按照我国会计准则规定,企业收到下列票据时应借记"应收票据"的是(  )。
   A. 支票  B. 银行本票  C. 商业汇票  D. 银行汇票
5. 商业汇票付款期限由交易双方商定,但最长不得超过(  )。
   A. 1个月  B. 2个月  C. 6个月  D. 1年

### 二、多项选择能力训练

1. 下列结算方式中,同时适用于同城和异地结算的方式有(  )。
   A. 银行汇票结算方式  B. 银行本票结算方式
   C. 商业汇票结算方式  D. 委托收款结算方式
2. 商业汇票的签发人可以是(  )。
   A. 购货单位  B. 销货单位
   C. 购货单位开户银行  D. 销货单位开户银行
3. 商业汇票按其承兑人的不同,可以分为(  )两种。
   A. 商业承兑汇票  B. 银行承兑汇票
   C. 带息票据  D. 不带息票据

## 三、判断能力训练

1. 商业承兑汇票的承兑人是购货企业的开户银行。（    ）
2. 商业承兑汇票到期日付款人账户不足支付时,其开户银行应代为付款。（    ）
3. 商业汇票在同城、异地均可使用。（    ）
4. 采用商业汇票结算,如是分期付款,应一次签发若干张不同期限的商业汇票。（    ）

## 专业应用能力训练

**资料**　徐州纺织机械厂发生如下业务：

（1）2022 年 6 月 13 日,销售产品,价款 1 900 000 元,增值税税款 247 000 元,价税合计 2 147 000 元。收到购货方华中棉纺厂签发的商业承兑汇票。

### 商业承兑汇票 2

| 出票日期（大写） | 贰零贰贰年陆月壹拾叁日 | | | 汇票号码：0269888 | |
|---|---|---|---|---|---|
| 付款人 | 全称 | 华中棉纺厂 | 收款人 | 全称 | 徐州纺织机械厂 |
| | 账号 | 86282235—59 | | 账号 | 680394342-78 |
| | 开户银行 | 工行武汉友谊分行　行号 34256 | | 开户银行 | 工行和平分行　行号 67222 |
| 出票金额 | 人民币（大写） | 贰佰壹拾肆万柒仟元整 | | 千百十万千百十元角分<br>￥ 2 1 4 7 0 0 0 0 0 | |
| 汇票到期日（大写） | 贰零壹玖年壹拾贰月壹拾叁日 | | 交易合同号码 | | |
| 本汇票已经承兑,到期无条件支付票款。<br>★承兑人签章<br>承兑日期：2022 年 6 月 13 日 | | | 本汇票请予以承兑,于到期日付款。<br>★出票人签章 | | |

（2）2022 年 6 月 16 日,向银行申请办理银行承兑汇票,金额 500 000 元,期限 2 个月。向银行支付承兑手续费 1 000 元,并交存保证金 300 000 元,款项以银行存款付讫。银行承兑汇票已办妥。

（3）2022 年 6 月 18 日,用上述银行承兑汇票购买设备,专用发票注明：价格 600 000 元,税 78 000 元。设备已投入使用,余款暂欠。

（4）2022 年 12 月 13 日,没有收到华中棉纺厂的货款。

**要求**　根据以上资料进行会计处理。

## 任务五　办理汇兑结算

### 知识认知能力训练

#### 判断能力训练

1. 单位和个人各种款项的结算，均可使用汇兑结算方式。（　　）
2. 汇兑结算方式一般只在异地结算中使用。（　　）

### 专业应用能力训练

**资料**　徐州纺织机械厂发生如下业务：

(1) 上月从北京长虹发展公司（开户银行：工商银行北京市海淀支行；账号：145444567543）购进电子材料一批，货款 72 000 元，2022 年 6 月 19 日开具电汇凭证支付所欠货款。

**中国银行　电汇凭证（回　单）**

| □普通　□加急　委托日期　年　月　日 |
|---|

| 汇款人 | 全称 | | 收款人 | 全称 | | 亿 | 千 | 百 | 十 | 万 | 千 | 百 | 十 | 元 | 角 | 分 |
|---|---|---|---|---|---|---|---|---|---|---|---|---|---|---|---|---|
| | 账号 | | | 账号 | | | | | | | | | | | | |
| | 汇出地点 | | | 汇入地点 | | | | | | | | | | | | |
| 汇出行名称 | | | 汇入行名称 | | | | | | | | | | | | | |
| 金额 | 人民币（大写） | | | | | | | | | | | | | | | |

支付密码
附加信息及用途：

汇出行签章　　　　　　　　复核　　记账

(2) 2022 年 6 月 20 日，将 180 000 元款项汇入广州临时账户。

(3) 2022 年 6 月 25 日，收到在广州的采购员发来的原材料发票、运费单据，列明买价 150 000 元，增值税率 13%，运费 1 000 元，运费增值税率 9%，已用临时账户的款项支付，材料未到。

(4) 2022 年 6 月 27 日，收到广州临时账户退回的存款余额 9 410 元。

**要求**　根据以上资料填制电汇凭证并编制会计分录。

## 任务六　办理委托收款结算

### 知识认知能力训练

#### 判断能力训练

1. 委托收款适用于在银行或其他金融机构开立账户的单位和个体经济户的商品交易、劳务款项以及其他应收款项的结算。（　　）

2. 委托收款除适用范围广泛的特点外，也没有规定金额的起点，不受是否签订经济合同或是否发货的限制。只要收款人委托收款，付款人没有异议，银行即可办理划款。（　　）

### 专业应用能力训练

**资料**　徐州纺织机械厂发生如下业务：

（1）2022年6月9日，向大连世博公司（开户银行：工商银行大连中山支行；账号：2101128015）销售甲产品一批，价款50 000元，增值税6 500元，商品已发出。根据合同规定采用托收承付结算方式（合同号：购货字6532100）。已办妥托收手续。

**托收凭证**（受理回单）

委托日期　　年　月　日

| 业务类型 | | 委托收款(□邮划、□电划) | | | 托收承付(□邮划、□电划) | | | |
|---|---|---|---|---|---|---|---|---|
| 付款人 | 全称 | | | | 收款人 | 全称 | | |
| | 账号 | | | | | 账号 | | |
| | 地址 | 省 市县 | 开户行 | | | 地址 | 省 市县 | 开户行 |
| 金额 | 人民币（大写） | | | | 亿 千 百 十 万 千 百 十 元 角 分 | | | |
| 款项内容 | | 托收凭据名称 | | | 附寄单证张数 | | | |
| 商品发运情况 | | | | 合同名称号码 | | | | |
| 备注： | | | | | | | | |
| 　　复核　　　记账　　　　　年　月　日 | | | | 收款人开户银行签章　　　　年　月　日 | | | | |

此联是收款人开户银行给收款人的受理回单

(2) 2022 年 6 月 21 日,收到银行收款通知,企业托收的销货款 56 500 元,已经收到入账。

**要求** 根据以上资料填制托收凭证,并编制会计分录。

## 任务七  其他结算方式的办理

### 知识认知能力训练

#### 判断能力训练

1. 各种企业因商品交易产生的货款,以及因商品交易而产生的劳务供应的款项,在与开户银行签订网银协议后,可以通过网上银行支付。(    )

2. 企业(法人)可以办理银行信用卡。(    )

### 专业应用能力训练

**资料** 徐州纺织机械厂发生如下业务:

(1) 2022 年 6 月 26 日,将基本存款户的款项 30 000 元存入信用卡中。

(2) 2022 年 6 月 29 日,企业业务员持信用卡购入办公用品,增值税专用发票注明价款 10 000 元,税 1 300 元,办公用品验收入库。

**要求** 根据以上资料进行会计处理。

# 项目四

# 记录应收款项、厘清债权资产

## 任务一 核算应收票据

### 知识认知能力训练

#### 一、单项选择能力训练

1. 会计上作为应收票据处理的是指企业因销售商品、提供劳务而收到的（　　）。
   A. 支票　　　　　B. 商业汇票　　　　C. 银行本票　　　　D. 银行汇票
2. 应收票据应于收到时,按（　　）确认。
   A. 票面面值　　　　　　　　　　　B. 清算价值
   C. 历史成本　　　　　　　　　　　D. 票面面值的现值
3. 一张商业承兑票据的面值为 100 000 元,票面利率为 8%,3 个月期,则该票据的到期值为（　　）。
   A. 100 000 元　　B. 108 000 元　　C. 102 000 元　　D. 124 000 元
4. 商业承兑汇票到期,如果付款人无力支付票款,收款企业应将其转入（　　）科目。
   A. 应收账款　　　　　　　　　　　B. 其他应收款
   C. 预收账款　　　　　　　　　　　D. 应付账款
5. 在贴现业务中,贴现利息应等于（　　）。
   A. 票据到期值×票面利率×贴现期　　B. 票面金额×贴现利率×贴现期
   C. 票据到期值×贴现利率×贴现期　　D. 票据到期值－票面面值
6. 带息票据贴现后,贴现企业实际收到的贴现净值（　　）。
   A. 可能小于票据的票面面值　　　　B. 一定大于票据的到期价值
   C. 一定小于票据的票面面值　　　　D. 一定大于票据的票面面值
7. 企业将持有的不带息商业汇票向银行申请贴现,支付给银行的贴现息应记入的会计科目是（　　）。
   A. "财务费用"　　　　　　　　　　B. "管理费用"
   C. "投资收益"　　　　　　　　　　D. "营业外支出"

## 二、多项选择能力训练

1. 对于带息商业汇票,下列表述正确的有( )。
   A. 收到票据时,按票面面值入账
   B. 票据到期值 = 票面面值 + 到期利息
   C. 对应收票据不计提坏账准备
   D. 对到期不能收到款项的应收票据应转入应收账款
2. 计算带息商业汇票的到期值,应考虑的因素有( )。
   A. 票面面值　　　B. 票据期限　　　C. 票面利率　　　D. 市场利率
3. 应通过"应收票据"或"应付票据"科目核算的票据有( )。
   A. 银行本票　　　　　　　　　　　B. 银行汇票
   C. 银行承兑汇票　　　　　　　　　D. 商业承兑汇票
4. 某企业 2022 年 6 月 20 日收到带息商业汇票一张,票面价值为 10 000 元,票面利率为 9%,期限为 1 个月。该票据在 7 月 10 日贴现,贴现利率为 10%(假设该企业与票据付款人在同一票据交换区)。则下列表述正确的有( )。
   A. 票据的入账价值为 10 000 元　　　B. 票据到期日是 2022 年 7 月 20 日
   C. 票据到期值为 10 075 元　　　　　D. 票据贴现天数为 11 天
   E. 票据贴现息为 30.78 元

## 三、判断能力训练

1. 带息应收票据到期时,若付款人无力支付票款,企业应按票据的账面余额转入"应收账款"科目核算,期末不再计提利息。( )
2. 企业销售商品时收到开出、承兑的商业汇票,无论是否带息,均按票据的票面价值入账。( )
3. 票据贴现实质上是企业融通资金的一种形式。( )
4. 企业无息票据的贴现所得一定小于票据票面价值,而带息票据的贴现所得则不一定小于票据票面价值。( )
5. 我国的应收票据只核算商业承兑汇票,而不包括其他任何票据。( )

# 专业应用能力训练

### 训练一

**资料**　南方公司 2022 年 5 月 25 日向乙企业销售产品一批,价款 10 000 元,增值税 13%,收到一张 3 个月期的不带息商业承兑汇票。

**要求**　试做出如下会计分录:

(1) 5月25日,销售产品收到商业承兑汇票。
(2) 8月25日,商业承兑汇票到期收到款项。
(3) 如果商业承兑汇票到期乙企业无力支付票款。

### 训练二

**资料** 南方公司发生如下经济业务:

(1) 2022年10月1日销售商品给B公司,价款为100 000元,增值税率为13%,收到一张商业承兑汇票,期限为6个月,票面利率为8%;2023年4月1日B公司无力支付票款。

(2) 应收D单位一张3个月的银行承兑汇票已到期,该票据票面价值为150 000元,票面利率为8%,款项已收存银行。

**要求** 根据以上经济业务编制会计分录。

### 训练三

**资料** 南方公司于2022年4月20日将其持有的一张商业汇票向银行贴现,且银行拥有追索权。该票据3月20日开出,面值为10 000元,不带息,期限为6个月,银行贴现利率为12%。该票据到期后,银行未收到款项。

**要求** 根据以上经济业务,编制会计分录。

## 拓展阅读与训练

**案例资料**

应收票据是指企业持有的、尚未到期兑现的商业票据。商业票据是一种载有一定付款日期、付款地点、付款金额和付款人的无条件支付证券,也是一种可以由持票人自由转让给他人的债权凭证。票据的法律约束力和兑付力强于一般的商业信用,在结算中为企业广泛使用。

从2001年应收票据占总资产比重最大的十家上市公司可以看出,钢铁、电子电器等行业的公司应收票据规模较大,这和其产业销售模式是密不可分的。

| 股票简称 | 2001年应收票据 | 2001年资产总计 | 应收票据占总资产比重(%) |
| --- | --- | --- | --- |
| 格力电器 | 2 933 211 865.69 | 6 922 276 525.54 | 42 |
| 沪昌特钢 | 390 054 610.02 | 1 329 611 232.36 | 29 |
| 浦东不锈 | 317 524 851.36 | 1 170 732 183.78 | 27 |
| 东风汽车 | 1 234 754 201.85 | 4 948 382 387.07 | 25 |
| 鞍钢新轧 | 2 423 349 000.00 | 10 237 888 000.00 | 24 |
| 杭钢股份 | 739 865 372.28 | 3 147 764 200.01 | 24 |
| TCL通讯 | 374 745 179.00 | 1 863 914 316.00 | 20 |
| 赛格三星 | 434 443 827.49 | 2 784 401 557.18 | 16 |

续表

| 股票简称 | 2001年应收票据 | 2001年资产总计 | 应收票据占总资产比重(%) |
|---|---|---|---|
| 钱江摩托 | 255 795 413.05 | 1 880 595 119.96 | 14 |
| 金牛能源 | 320 465 600.00 | 2 393 067 461.09 | 13 |
| 彩虹股份 | 336 100 121.99 | 2 626 950 965.88 | 13 |

### 案例思考

1. 应收票据的法律特点是什么？
2. 公司的产业特点、营销模式、信用政策如何影响"应收票据"资产的数量？

## 任务二　核算应收账款

### 知识认知能力训练

#### 一、单项选择能力训练

1. 下列项目中,属于应收账款范围的是(　　)。
   A. 应向接受劳务单位收取的款项　　B. 应收外单位的赔偿款
   C. 应收存出保证金　　D. 应向职工收取的各种垫付款项
2. 确认应收账款的时间一般与(　　)的时间相一致。
   A. 确认销售收入　　B. 收到货款
   C. 提供劳务　　D. 按合同交付产品
3. 总价法是将(　　)作为实际售价,记作应收账款的入账价值。
   A. 未扣减商业折扣前的金额　　B. 未扣减现金折扣前的金额
   C. 扣减现金折扣后的金额　　D. 扣减商业折扣和现金折扣后的金额
4. 如果企业预收款项情况不多的,可以将预收款项直接记入(　　)科目。
   A. 应付账款　　B. 应收账款　　C. 应付票据　　D. 应收票据
5. 下列会产生应收账款的是(　　)。
   A. 租赁业务　　B. 赊销业务
   C. 现销业务　　D. 其他销售业务
6. 企业某项应收账款50 000元,现金折扣条件为2/10、1/20、n/30,客户在第26天付款,应给予客户的现金折扣为(　　)元。
   A. 1 000　　B. 750　　C. 500　　D. 0

7. 销货企业在采用总价法入账的情况下,发生的现金折扣应作为( )处理。
   A. 营业收入减少　　　　　　　　B. 销售费用增加
   C. 管理费用增加　　　　　　　　D. 财务费用增加

8. 某企业赊销商品一批,商品标价10 000元,商业折扣20%,增值税税率为13%,现金折扣条件为2/10、n/20。企业销售商品时代垫运费200元,若企业应收账款按总价法核算,则应收账款的入账价值为( )元。
   A. 9 560　　　　B. 9 240　　　　C. 11 700　　　　D. 11 900

9. 某企业采用托收承付结算方式销售一批商品,增值税专用发票注明的价款为1 000万元,增值税税额为130万元,同时为客户代垫运输费5万元,全部款项已办妥托收手续。该企业应确认的应收账款为( )万元。
   A. 1 000　　　　B. 1 005　　　　C. 1 130　　　　D. 1 135

10. 下列各项中,在确认销售收入时不影响应收账款入账金额的是( )。
    A. 销售价款　　　　　　　　　　B. 增值税销项税额
    C. 现金折扣　　　　　　　　　　D. 销售产品代垫的运杂费

## 二、多项选择能力训练

1. 下列各项中,构成应收账款入账价值的有( )。
   A. 增值税销项税额　　　　　　　B. 商业折扣
   C. 代购货方垫付的运杂费　　　　D. 销售货款

2. 下列关于现金折扣与商业折扣的说法,正确的有( )。
   A. 商业折扣是指在商品标价上给予的扣除
   B. 现金折扣是指债权人为鼓励债务人早日付款,而向债务人提供的债务扣除
   C. 存在商业折扣的情况下,企业应收账款入账金额应按扣除商业折扣后的实际售价确认
   D. 在总额法下,实际发生的现金折扣列作财务费用

## 三、判断能力训练

1. 在存在商业折扣的情况下,应收账款应按发票价格减去商业折扣后的净额确认。( )
2. 对商业折扣和现金折扣,都可以采用总价法或净价法进行核算。( )
3. 采用总价法,当销售方给予买方的现金折扣发生时,会计上应作为财务费用处理。( )
4. 企业销售一笔金额为20万元(含税)的货物,规定的现金折扣条件为2/10,1/20,n/30,购货方于第11天付款,该企业实际收到款项为19.6万元。( )

## 专业应用能力训练

### 训练一

**资料** 江苏环宇公司销往外地产品一批,售价 50 000 元,给予购货方 20% 的商业折扣,另规定的现金折扣条件为 2/10,1/20,n/30,适用的增值税税率为 13%,商品已经发出并且符合收入的确认条件,同时已办妥托收手续。假定计算折扣时考虑增值税。

**要求**

（1）编制产品销售时的会计分录。
（2）编制 10 天内收到款项的会计分录。
（3）编制 11~20 天内收到款项的会计分录。
（4）编制 21~30 天内收到款项的会计分录。

### 训练二

**资料** 江苏环宇公司 6 月 12 日向丙公司销售产品一批,货款为 40 000 元,增值税税额 5 200 元,产品已发出,已办妥托收手续。

6 月 23 日,环宇公司收到丙公司寄来的一张三个月期限的商业承兑汇票,面值 45 200 元,用于抵付前欠货款。

**要求** 根据以上会计资料进行账务处理。

## 任务三 核算预付账款

## 知识认知能力训练

### 一、单项选择能力训练

预付款项情况不多的企业,可以不设置"预付账款"科目,预付货款时,借记的会计科目是（　）。

A."应付账款"　　　　　　　　B."应收账款"
C."其他应收款"　　　　　　　D."其他应付款"

## 二、多项选择能力训练

关于"预付账款"账户,下列说法正确的有(　　)。
A. 该账户借方余额反映企业向供货单位预付的货款
B. 预付货款不多的企业,可以不单独设置预付账款账户,将预付的货款记入"应付账款"账户的借方
C. 该账户贷方余额反映的是应付供应单位的款项
D. 预付货款不多的企业,可以不设置预付账款账户,将预付的款项记入"应收账款"账户的借方
E. 预付账款是资产类会计科目,因此,其总账科目的余额都在借方

# 专业应用能力训练

### 训练一

**资料**　江苏环宇公司2022年2月15日为购入一批材料向乙公司预付210 000元,以银行存款付讫。3月5日收到该批材料,验收入库。取得的增值税专用发票上注明价款为200 000元,增值税26 000元;对方代垫运费为1 000元,增值税90元。3月12日补付剩余款项,以转账支票付讫。
**要求**　试做出相应的会计分录。

### 训练二

甄别相关原始凭证,写出相关会计分录(或填制相关记账凭证)。

1-1

```
中国建设银行
转账支票存根

支票号码：　NO 32003561
附加信息
_____
_____

出票日期　2022年7月22日
收款人：武汉华中有限公司
金额：¥10 000.00
用途：预付材料款
单位主管　　　会计
```

1-2

### 收 款 收 据

No 29874610

交款单位 __江苏环宇有限公司__　　收款方式 __转账__

人民币(大写) __壹万元整__　　　　¥10 000.00

收款事由 __预收购料款__

2022 年 7 月 22 日

单位盖章

财会主管 刘涛　记账 王静　出纳 孙纳　审核 李军　经办 肖华

（2）2022 年 7 月 28 日，江苏环宇公司收到武汉华中有限公司发来的甲材料，取得的增值税专用发票上注明的价款为 35 000 元，增值税税额为 4 550 元。材料已经验收入库。

（3）2022 年 8 月 2 日，江苏环宇公司开出转账支票 29 550 元给武汉华中有限公司，以支付前欠购料款。

4-1

4-2

## 江苏省增值税专用发票

No 2398988775

发票联　开票日期：2022 年 12 月 7 日

| 购买方 | 名　称：常州红河有限公司<br>纳税人识别号：32061544542<br>地　址、电　话：常州市建安路108号<br>开户行及账号：工行常州和平分行<br>680394184-89 | 密码区 | 67/ *+3*0/611 *++0/+0 */ * +3+2/9<br>*11 *+66666 **066611 *+66666*1***<br>216 *** 600 * 261 * 2 * 4/ * 547203994 +-<br>42 * 64151 * 6915361/3 * |
|---|---|---|---|

| 货物或应税劳务、服务名称 | 规格型号 | 单位 | 数量 | 单价 | 金额 | 税率 | 税额 |
|---|---|---|---|---|---|---|---|
| 报刊费（2023 年全年） | | | | | 2 201.84 | 9% | 198.16 |
| 合　计 | | | | | ¥ 2 201.84 | | ¥ 198.16 |

| 价税合计（大写） | 人民币贰仟肆佰元整 | （小写）¥ 2 400.00 |
|---|---|---|

| 销售方 | 名　称：常州市邮政局<br>纳税人识别号：3105016897784532<br>地　址、电　话：常州市建设路92号<br>开户行及账号：建行常州新区支行<br>267983041328 | 备注 | （常州市邮政局 发票专用章<br>3105016 89784532） |
|---|---|---|---|

收款人：　　　　复核：　　　　开票人：　　　　销售方:(章)

第三联　发票联　购买方记账凭证

4-3

中国工商银行
转账支票存根
BE 08867706
02
附加信息 _____
_____
_____
出票日期2022年12月7日
收款人：常州市邮政局
金　额：¥2 400
用　途：报刊费
单位主管　　会计

**要求**　根据以上资料进行会计处理。

## 任务四　核算其他应收款

### 知识认知能力训练

#### 一、单项选择能力训练

1. 企业内部各部门、各单位周转使用的备用金,应在(　　)科目或单独设置"备用金"科目进行核算。
   A. "库存现金"　　　　　　　　　B. "其他应收款"
   C. "其他货币资金"　　　　　　　D. "其他应付款"
2. 企业预借给职工差旅费,应通过(　　)科目核算。
   A. "应收账款"　　　　　　　　　B. "其他应收款"
   C. "其他应付款"　　　　　　　　D. "应付账款"
3. 企业签发转账支票,支付临时租入固定资产的押金 2 000 元,会计分录应为(　　)。
   A. 借：管理费用　　2 000　　　　B. 借：其他应收款　　2 000
   　　贷：银行存款　　2 000　　　　　　贷：银行存款　　2 000
   C. 借：预付账款　　2 000　　　　D. 借：应收账款　　2 000
   　　贷：银行存款　　2 000　　　　　　贷：银行存款　　2 000

#### 二、多项选择能力训练

1. 其他应收款的范围包括(　　)。
   A. 预付给企业各内部单位的备用金　　B. 应收的各种罚款
   C. 应收出租包装物的租金　　　　　　D. 应向职工收取的各种垫付款项
2. 下列各项中,不通过"其他应收款"科目核算的有(　　)。
   A. 为购货方代垫的运费　　　　　　　B. 应收保险公司的各种赔款
   C. 应收产品销售的货款　　　　　　　D. 存出保证金

#### 三、判断能力训练

1. 企业应收取的包装物租金应通过"其他应收款"科目进行核算。(　　)
2. 企业应向职工收取的暂付款项可在"其他应收款"科目进行核算。(　　)
3. 企业包装物押金的支付及收取均应通过"其他应收款"科目进行核算。(　　)

## 专业应用能力训练

**资料** 江苏环宇公司2022年4月份发生下列经济业务：

（1）1日，车间王华出差预借差旅费900元，以现金付讫。6日出差回来报销差旅费980元，差额以现金付讫。

（2）4日，仓库发生火灾，损失材料20 000元。查明原因以后，应由保险公司赔偿10 000元，保管人赔偿500元。

（3）租入低值易耗品一批，支付押金300元，以现金付讫。

**要求** 试做出相应的会计分录。

## 任务五　核算坏账损失

### 知识认知能力训练

#### 一、单项选择能力训练

1. 企业发生坏账损失时，在当期确认坏账损失，记入"坏账准备"账户，并注销客户的应收账款，这种处理方法是（　　）。
   A. 应收账款余额百分比法　　B. 直接转销法
   C. 备抵法　　　　　　　　D. 销货百分比法

2. 企业在预计"预期信用损失"时，如按应收账款的项目或类别（分项分类）计算确定坏账损失，也即按照某项（某类）应收账款期末余额和估计的坏账准备率计算坏账准备的期末余额，这种预计"预期信用损失"方法在实际工作叫（　　）。
   A. 应收账款余额百分比法　　B. 直接转销法
   C. 备抵法　　　　　　　　D. 销货百分比法

3. 计提坏账准备，体现了会计核算的（　　）。
   A. 重要性原则　　　　　　B. 实质重于形式原则
   C. 权责发生制原则　　　　D. 谨慎性原则

4. "坏账准备"科目在期末结账前如为借方余额，反映内容是（　　）。
   A. 提取的坏账准备
   B. 实际发生的坏账损失
   C. 收回以前已经确认并转销的坏账准备
   D. 已确认的坏账损失超出坏账准备的余额

5. 企业年末应收款项余额为 400 000 元,坏账准备为贷方余额 1 500 元,按 0.5% 比率预计"预期信用损失",则应提的坏账准备数额为( )。
   A. 2 000 元    B. 1 500 元    C. 2 150 元    D. 500 元

6. 2022 年年初某公司"坏账准备——应收账款"科目贷方余额为 3 万元,3 月 20 日收回已核销的坏账 12 万元并入账,12 月 31 日"应收账款"科目余额为 220 万元(所属明细科目为借方余额),评估减值金额为 20 万元,不考虑其他因素,2022 年年末该公司计提的坏账准备金额为( )万元。
   A. 17    B. 29    C. 20    D. 5

## 二、多项选择能力训练

1. 坏账损失的核算方法有( )。
   A. 总价法    B. 净价法    C. 直接转销法    D. 备抵法

2. 下列项目中,应计提坏账准备的有( )。
   A. 应收账款    B. 应收票据    C. 其他应收款    D. 预付账款

3. 预计"预期信用损失"金额的方法有( )。
   A. 备抵法
   B. 直接转销法
   C. 按应收账款的组合为基础计算确定的账龄分析法
   D. 按应收账款的项目或类别(分项分类)计算的应收账款余额百分比法

4. 下列事项中,可以确认为坏账的有( )。
   A. 债务人死亡,以其遗产清偿后仍然无法收回的应收款项
   B. 债务人破产,以其破产财产清偿后仍然无法收回的应收款项
   C. 应收款项已逾期 3 年以上,并有足够的证据表明无法收回
   D. 已逾期但无确凿证据证明不能收回的应收款项

5. 下列事项中,应记入"坏账准备"科目贷方的有( )。
   A. 转销已确认无法收回的应收账款
   B. 转销确实无法支付的应付账款
   C. 收回过去已经确认并转销的坏账
   D. 补提坏账准备

6. 下列各项中,会导致企业应收账款账面价值减少的有( )。
   A. 转销备抵法核算的无法收回的应收账款
   B. 收回应收账款
   C. 计提应收账款坏账准备
   D. 收回已转销的应收账款

## 三、不定项选择能力训练

1. 甲公司为增值税一般纳税人,适用增值税税率为13%。2022年12月1日,甲公司"应收账款"科目借方余额为500万元,"坏账准备"科目贷方余额为25万元,该公司通过对应收款项的信用风险特征进行分析,确定计提坏账准备的比例为期末应收账款余额的5%。

12月份,甲公司发生如下相关业务:

(1) 12月5日,向乙公司赊销商品一批,按商品价目表标明的价格计算的金额为1 000万元(不含增值税),由于是成批销售,甲公司给予乙公司10%的商业折扣。满足收入确认条件。

(2) 12月9日,因客户破产,有应收账款40万元不能收回,确认为坏账。

(3) 12月11日,收到乙公司前欠的销货款500万元,存入银行。

(4) 12月21日,收到已转销为坏账的应收账款10万元,存入银行。

(5) 12月30日,向丙公司赊销商品一批,增值税专用发票上注明的售价为100万元,增值税税额为13万元,满足收入确认条件。

要求:根据上述资料,回答下列小题。

(1) 12月5日发生的经济业务中应收账款的入账价值为(　　)万元。
　　A. 900　　　　B. 1 017　　　　C. 113　　　　D. 100

(2) 针对上述资料,下列关于甲公司的处理中正确的是(　　)。
　　A. 业务(1)应确认收入1 000万元
　　B. 业务(2)应计提信用减值损失40万元
　　C. 业务(4)应贷记坏账准备10万元
　　D. 业务(5)应确认收入100万元

(3) 截至业务(3),坏账准备贷方余额为(　　)万元。
　　A. -15　　　　B. 25　　　　C. 40　　　　D. 65

(4) 本期应计提坏账准备的金额为(　　)万元。
　　A. 56.5　　　B. 59.5　　　C. 101.5　　　D. 96.5

(5) 假定丙公司于次年1月4日支付货款,则记入"银行存款"的金额为(　　)万元。
　　A. 100　　　　B. 113　　　　C. 111　　　　D. 13

## 四、判断能力训练

1. 已确认为坏账的应收账款,意味着企业放弃了其追索权。(　　)

2. 按现行会计制度规定,应收款项均应计提坏账准备。(　　)

3. 采用直接转销法核算坏账损失,当坏账实际发生时,直接将坏账损失计入当期损益。(　　)

4. 用账龄分析法估计坏账损失是基于这种观点:账款拖欠的时间越长,发生坏账的可能性就越大,应提取的坏账准备金额就越多。(　　)

5. 会计期末,企业用一定方法计算出的应提坏账准备大于"坏账准备"账面余额的,应按其差额冲减多提的坏账准备。(  )

# 专业应用能力训练

## 训练一

**资料** 南方公司采用"应收账款余额百分比法"核算坏账损失,坏账准备的提取比例为5‰。有关资料如下:

(1) 2020年年初,"坏账准备"科目为贷方余额800元(按应收账款计提的部分,下同)。

(2) 2020年和2021年年末应收账款余额分别为220 000元和180 000元,这两年均没有发生坏账损失。

(3) 2022年7月,经有关部门核准确认一笔坏账损失,金额为36 000元。

(4) 2022年11月,上述已核销的坏账又收回18 000元。

(5) 2022年年末,应收账款余额为480 000元。

**要求** 根据上述资料,计算各年应提的坏账准备,并编制有关的会计分录。

## 训练二

**资料** 南方公司采用备抵法核算坏账损失,并按应收账款年末余额的5%计提坏账准备。2022年1月1日,南方公司应收账款余额为3 000 000元,坏账准备余额为150 000元。2022年度,南方公司发生了如下相关业务:

(1) 销售商品一批,增值税专用发票上注明的价款为5 000 000元,增值税税额为650 000元,货款尚未收到。

(2) 因某客户破产,该客户所欠货款10 000元不能收回,确认为坏账损失。

(3) 收回上年度已转销为坏账损失的应收账款8 000元并存入银行。

(4) 收到某客户以前所欠的货款2 000 000元并存入银行。

**要求**

(1) 编制2022年度相关业务的会计分录。

(2) 计算2022年年末"坏账准备"科目余额。

(3) 编制2022年年末计提坏账准备的会计分录。

## 训练三

甄别相关原始凭证,写出相关会计分录(或填制相关记账凭证)。

## 坏账损失确认通知

2022 年 8 月 18 日

　　应收九江公司款项 3 200 元已超过三年,向公司领导报批,经批准确认该款项已无法收回,予以注销。

单位负责人:刘军　　会计主管:方泊

2022 年 8 月 18 日

**要求**　根据以上资料进行会计处理。

## 拓展阅读与训练

　　应收款项是企业经营活动中的信用交易及事项所形成的获取相应资源的权利。在以权责发生制为基础而编制的资产负债表中,应收款项可能是最能体现"应计"原则特点的项目。

　　从一般意义上说,应收款项涵盖了应收票据、应收账款、其他应收款和预付账款等内容。应收账款是应收款项中最主要的项目,定义为在一年或一个经营周期内由于经营活动的交易行为而形成的向其他企业或个人取得货币、商品或劳务的要求权。

　　应收账款几乎是无法避免的,尽管人人都喜欢现金。正是因为信用的发展才促成了交易的繁荣,从这个角度讲,应收账款对于企业的价值在于支撑销售规模的扩大。一般来说,应收账款与销售收入规模存在一定的正相关,当企业放宽信用限制时,往往会刺激销售,但同时也增加了应收账款;而企业紧缩信用,在减少应收账款的同时又会影响到销售。但例外的情况也经常出现,这可能意味着企业应收账款的管理出现了异常。

　　应收账款形成了企业资产方一个极大的风险点,因为只有最终能够转化为现金的应收账款才是有价值的,而那些预期将无法转化为现金的部分就成为一纸空文。在会计上,对预期无法收回的应收账款通过提取坏账准备的会计核算方式来反映。

 **案例资料**

**吉林化工迅猛增加的应收账款预示着业绩风险**

吉林化工的主要业务为生产和销售石油产品、石化及有机化工产品、合成橡胶、染料及染料中间体、化肥及无机化工产品等。2000年公司实现主营业务收入为人民币139亿元，与1999年同期相比上升26%，但净利润却为-8.4亿元。公司年报业绩的巨大风险在2000年中期已经有征兆，在2000年1至6月实现销售额与1999年同比上升16%的同时，应收账款却同比上升了66%，是资产中增长最为迅速的项目，与行业内其他公司相比，吉林化工2000年中期的应收账款总量和增速均为最高。

从2000年全年来看，吉林化工的应收账款增加额达14.93亿元，是所有上市公司中增速最为陡峭的公司。由于应收账款占用了流动资金，为了克服现金流入不足的压力，该公司只有增加有息负债，从而使有息负债规模从年初的35.81亿元扩大到年末的75.55亿元，净增40亿元，当期负担的财务费用则达到6亿元。

吉林化工2000年的业绩可谓险象环生，不仅要承担高额的财务费用，而高达30亿元的应收账款，其坏账准备的计提将给业绩造成巨大的压力。

 **案例思考**

如何分析与防范坏账损失？

# 项目五

# 记录存货增减余、把握存货收发存

## 任务一 认知存货的确认条件与计量方法

### 知识认知能力训练

#### 一、单项选择能力训练

1. 确定存货的范围,一般应以( )作为判断依据。
   A. 所有权　　　　B. 存放地点　　　　C. 价值　　　　D. 用途
2. 下列不应包括在存货项目中的是( )。
   A. 原材料　　　　B. 在产品　　　　C. 周转材料　　　　D. 工程物资
3. 下列各项中,应作为本企业存货核算的是( )。
   A. 接受其他单位委托加工的产品
   B. 已有购货意向,约定未来购入的商品
   C. 已出售,但尚未运出本企业的商品
   D. 已支付货款购入,但尚未验收入库的在途材料
4. 存货应按( )进行初始计量。
   A. 实际成本　　　　　　　　　　B. 计划成本
   C. 可变现净值　　　　　　　　　D. 市价
5. 某企业为增值税一般纳税人,2022年9月购入一批原材料,买价50万元,增值税税额为6.5万元,款项已经支付。另以银行存款支付装卸费0.3万元(不考虑增值税)。入库时发生挑选整理费0.2万元。运输途中发生的合理损耗为0.1万元。不考虑其他因素,该批原材料的入账成本为( )万元。
   A. 50.5　　　　B. 59　　　　C. 50.6　　　　D. 50.4
6. 某商品流通企业为增值税一般纳税人。2022年2月采购甲商品100件,每件进价4万元,取得的增值税专用发票上注明的增值税税额为52万元,另支付采购费用20万元。该企业采购该批商品的总成本为( )万元。
   A. 400　　　　B. 420　　　　C. 468　　　　D. 488

## 二、多项选择能力训练

1. 下列各项中,属于企业存货的有( )。
   A. 委托外单位代销的货物
   B. 购货单位已交款并已开出提货单而尚未提走的货物
   C. 已经发运,但尚未办妥托收手续的发出商品
   D. 企业正在加工中的产品
2. 外购存货的实际成本由买价及( )构成。
   A. 运杂费
   B. 运输途中的合理损耗
   C. 入库前挑选整理费用
   D. 按规定应计入成本的税金

## 三、判断能力训练

1. 只要法定所有权属于企业,无论该货物存放在什么地点,都应作为本企业存货加以核算。( )
2. 受托代销商品因所有权不属于本企业,因此,不作为本企业存货进行核算。( )
3. 商品流通企业在采购商品过程中发生的运杂费等进货费用,应当计入存货采购成本。进货费用数额较小的,也可以在发生时直接计入当期损益。( )

# 专业应用能力训练

**资料** 某工业企业外购材料 1 000 千克,买价 10 000 元,增值税 1 300 元,该工业企业为一般纳税人,并已取得增值税专用发票。另发生入库前挑选整理费用 300 元,途中合理损耗 2 千克。

**要求** 计算该批材料的实际总成本和单位成本。

## 任务二 原材料按实际成本计价的收发核算

### 知识认知能力训练

#### 一、单项选择能力训练

1. 按实际成本核算的情况下,材料已收到并验收入库,但发票账单尚未收到,月份终了,应按(　　)暂估入账。
   A. 上月平均进货价格　　　　　　B. 合同价格
   C. 发票价格　　　　　　　　　　D. 本月平均进货价格

2. 企业外购材料验收入库时发现的短缺和毁损,如属途中合理损耗,应做的账务处理是(　　)。
   A. 若未付款,应拒付货款
   B. 列入营业外支出
   C. 相应提高入库材料的实际单位成本,不再另做账务处理
   D. 若已付款,应向供应单位索赔

3. 某企业为增值税一般纳税人,2022年4月购入A材料1 000千克,增值税专用发票上注明价款30 000元,税3 900元,该批材料在运输途中发生1%的合理损耗,实际验收入库990千克,入库前发生挑选整理费用300元。该批入库A材料的实际总成本为(　　)元。
   A. 29 700　　B. 29 997　　C. 30 300　　D. 35 400

4. 某企业采用先进先出法计算发出甲材料的成本,2022年2月1日结存甲材料200千克,每千克实际成本100元;2月10日购入甲材料300千克,每千克实际成本110元;2月15日发出甲材料400千克。2月末,库存甲材料的实际成本为(　　)元。
   A. 10 000　　B. 10 500　　C. 10 600　　D. 11 000

5. 在物价持续下跌的情况下,下列各种存货计价方法中,能使企业计算出来的当期利润最小的计价方法是(　　)。
   A. 先进先出法　　　　　　　　　B. 移动平均法
   C. 加权平均法　　　　　　　　　D. 以上三种方法均有可能

6. 在物价不断上涨时期,若要使资产负债表中的存货价值最高,一个小企业可以选用的存货计价方法是(　　)。
   A. 加权平均法　　　　　　　　　B. 先进先出法
   C. 移动加权平均法　　　　　　　D. 个别计价法

7. 小企业在材料收入的核算中,须在月末暂估入账并于下月初红字冲回的是( )。
   A. 月末购货发票账单未到,但已入库的材料
   B. 月末购货发票账单已到,货款未付但已入库的材料
   C. 月末购货发票账单已到,货款已付并已入库的材料
   D. 月末购货发票账单已到,货款已付但未入库的材料
8. 某企业采用先进先出法计算发出原材料的成本。2022年9月1日甲材料结存200千克,每千克实际成本为300元;9月7日购入甲材料350千克,每千克实际成本为310元;9月21日购入甲材料400千克,每千克实际成本为290元;9月28日发出甲材料500千克。9月份甲材料发出成本为( )元。
   A. 145 000     B. 150 000     C. 153 000     D. 155 000
9. 某企业采用月末一次加权平均法计算发出材料成本。2022年3月1日结存甲材料200件,单位成本40元;3月15日购入甲材料400件,单位成本35元;3月20日购入甲材料400件,单位成本38元;当月共发出甲材料500件。3月发出甲材料的成本为( )元。
   A. 18 500     B. 18 600     C. 19 000     D. 20 000

## 二、多项选择能力训练

1. 下列各项目,一般纳税企业应计入存货成本的有( )。
   A. 购入存货支付的关税
   B. 商品流通企业采购过程中发生的保险费
   C. 购入材料支付的增值税
   D. 入库前的挑选整理费
2. 下列各项中,会引起企业期末存货账面价值变动的有( )。
   A. 已发出商品但尚未确认销售收入
   B. 已确认销售收入但尚未发出商品
   C. 已收到材料但尚未收到发票账单
   D. 已收到发票账单并付款但尚未收到材料
3. 下列项目中,应计入材料采购成本的有( )。
   A. 制造费用
   B. 进口关税
   C. 运输途中的合理损耗
   D. 一般纳税人购入材料支付的可以抵扣的增值税
4. 下列各项与存货相关的费用中,应计入存货成本的有( )。
   A. 材料采购过程中发生的保险费
   B. 材料入库前发生的挑选整理费
   C. 在生产过程中为下一个阶段生产所必需的仓储费用
   D. 运输途中非正常损耗的材料买价

5. 下列各项中,关于企业领用原材料的会计处理表述正确的有(　　)。
   A. 在建厂房工程领用的原材料应计入工程成本
   B. 专设销售机构日常维修房屋领用的原材料应计入销售费用
   C. 生产车间日常维修房屋领用的原材料应计入制造费用
   D. 生产车间生产产品领用的原材料应计入产品成本

### 三、判断能力训练

1. 购入材料在运输途中发生的合理损耗不需单独进行账务处理。(　　)
2. 一般纳税企业购进原材料时,支付的运输费用及其对应的增值税税额都应计入购进材料的采购成本中。(　　)
3. 发出存货计价方法的选择直接影响着资产负债表中资产总额的多少,而与利润表中净利润的大小无关。(　　)
4. 企业接受的投资者投入的商品,应按照该商品在投资方的账面价值入账。(　　)

## 专业应用能力训练

### 训练一

**资料**　某企业 2022 年 11 月份存货的收、发、存如表 1 和表 2 所示(数量单位:千克;金额单位:元):

表1

| 日期 | | 摘要 | 收入 | | | 发出 | | | 结存 | | |
|---|---|---|---|---|---|---|---|---|---|---|---|
| 月 | 日 | | 数量 | 单价 | 金额 | 数量 | 单价 | 金额 | 数量 | 单价 | 金额 |
| 11 | 1 | 月初结存 | | | | | | | 200 | 1.20 | 240 |
| | 5 | 购入 | 200 | 1.30 | 260 | | | | | | |
| | 10 | 领用 | | | | 100 | | | | | |
| | 18 | 购入 | 100 | 1.00 | 100 | | | | | | |
| | 25 | 领用 | | | | 300 | | | | | |
| | 30 | 本月合计 | | | | | | | 100 | | |

表 2

| 日期 | | 摘要 | 收入 | | | 发出 | | | 结存 | | |
|---|---|---|---|---|---|---|---|---|---|---|---|
| 月 | 日 | | 数量 | 单价 | 金额 | 数量 | 单价 | 金额 | 数量 | 单价 | 金额 |
| 11 | 1 | 月初结存 | | | | | | | 200 | 1.20 | 240 |
| | 5 | 购入 | 200 | 1.30 | 260 | | | | | | |
| | 10 | 领用 | | | | 100 | | | | | |
| | 18 | 购入 | 100 | 1.00 | 100 | | | | | | |
| | 25 | 领用 | | | | 300 | | | | | |
| | 30 | 本月合计 | | | | | | | 100 | | |

**要求** 分别按先进先出法(填表1)、月末一次加权平均法(填表2)计算确定本月发出存货及月末结存存货成本。

### 训练二

**资料** 江苏环宇公司为增值税一般纳税人,只生产甲产品。7月1日结存A材料1 000千克,单位成本50元。7月份A材料的收发业务如下:

(1) 5日,从外地购入A材料5 000千克,价款235 600元,增值税30 628元。运费2 000元,增值税180元。A材料验收入库时实收4 950千克,短缺50千克属定额内合理损耗。上述货款及增值税未支付。

(2) 8日,生产领用A材料2 800千克。

(3) 12日,在本市购入A材料3 000千克,价款145 500元,增值税18 915元,材料已验收入库。款项开出转账支票支付。

(4) 15日,生产领用A材料3 600千克。

(5) 20日,从外地某公司购入A、B两种材料,其中A材料2 500千克,单价45.70元,价款114 250元;B材料2 500千克,单价100元,价款250 000元。两种材料的增值税共为47 352.50元。另外,两种材料的运费共1 560元,增值税为140.40元。两种材料已验收入库,运费按材料的重量分配。款项用银行存款支付。

(6) 24日,生产领用A材料4 000千克。

(7) 月末结转领用材料的成本。

**要求** 根据以上资料编制会计分录并计算月末结存A材料的实际成本。(发出材料采用加权平均法,计算结果小数点后保留两位。)

### 训练三

甄别相关原始凭证,写出相关会计分录(或填制相关记账凭证)。

## 1-1

**江苏增值税专用发票**

**发票联**

NO 004893626

开票日期：2022年6月7日

| 购货单位 | 名称 | 江苏环宇公司 | | | 密码区 | 67/＊＋3＊0/611＊＋＋0/＋0＊/＊＋<br>3＋2/9＊11＊＋66666＊＊066611＊＋<br>66666＊1＊＊＋216＊＊＊6000＊261<br>＊2＊4/＊547203900＋－42＊64151<br>＊6915300/3＊ | | |
|---|---|---|---|---|---|---|---|---|
| | 纳税人识别号 | 320303001119928 | | | | | | |
| | 地址、电话 | 徐州市建国路180号 | | | | | | |
| | 开户银行及账号 | 中行徐州分行 740108320311 | | | | | | |
| 货物或应税劳务名称 | | 规格型号 | 单位 | 数量 | 单价 | 金额 | 税率 | 税额 |
| A材料 | | M1 | 件 | 100 | 1 000 | 100 000.00 | 13% | 13 000.00 |
| B材料 | | S3 | 件 | 50 | 5 000 | 250 000.00 | 13% | 32 500.00 |
| 合计 | | | | | | 350 000.00 | | 45 500.00 |
| 价税合计（大写） | | 叁拾玖万伍仟伍佰元整 | | | （小写） ¥ 395 500.00 | | | |
| 销货单位 | 名称 | 江苏南方机电公司 | | | 备注 | | | |
| | 纳税人识别号 | 3205021679933 | | | | | | |
| | 地址、电话 | 苏州市苏安路109号 | | | | | | |
| | 开户银行及账号 | 工商银行新区支行 4222304131 | | | | | | |

收款人：张灿　　复核：李琴　　开票人：谭胜　　销货单位：（章）

第一联　发票联

（抵扣联略）

## 1-2

**江苏货物运输业增值税专用发票**

**抵扣联**

2022年6月7日

| 承运人及纳税人识别号 | 江苏宏远运输公司<br>320319325534553 | | 密码区 | 67/＊＋3＊0/611＊＋＋0/＋0＊/＊＋<br>3＋2/9＊11＊＋66666＊＊066611＊＋<br>66666＊1＊＊＋216＊＊＊6000＊261<br>＊2＊4/＊547203994＋－42＊64151<br>＊6915312/3＊ | |
|---|---|---|---|---|---|
| 实际受票方及纳税人识别号 | 江苏环宇公司<br>320303001119928 | | | | |
| 收货人及纳税人识别号 | 江苏环宇公司<br>32030300119928 | 发货人及识别号 | | 江苏南方机电公司<br>3205021679933 | |
| 起运地、经由、到达地 | | | 苏州—徐州 | | |
| 费用项目及金额 | 运输费 3 000 | | 运输货物信息 | | |
| 合计金额 | ¥3 270.00 | 税率 | 9% | 税额 | ¥270.00 |
| 价税合计（大写）叁仟贰佰柒拾元整 | | | | （小写）¥3 300.00 | |
| 车种车号 | | | 车船吨位 | | |
| 主管税务机关及代码 | | 徐州市国家税务局第一分局 | | 备注 | |

第二联：抵扣联　受票方抵税凭证

（发票联略）

1-3

## 收 料 单

材料科目：原材料  
材料类别：原料及主要材料  
供应单位：江苏南方机电公司　　2022 年 6 月 7 日

编号：138  
收料仓库：4 号仓库  
发票号码：004893626

| 材料编号 | 材料名称 | 规格 | 计量单位 | 数量 | | 实际成本 | | | |
|---|---|---|---|---|---|---|---|---|---|
| | | | | 应收 | 实收 | 单价 | 发票金额 | 运杂费 | 合 计 |
| | | | | | | | | | |
| | | | | | | | | | |
| 备注： | | | | | | | | | |

采购员：　　　　检验员：白云　　　　记账员：　　　　保管员：张群

**要求**

（1）填制原始凭证 1-3，运输费用以 A、B 材料的买价为比例分配。  
（2）根据以上资料进行会计处理。

## 训练四

甄别相关原始凭证，写出相关会计分录（或填制相关记账凭证）。

## 收 料 单

材料科目：原材料  
材料类别：原料及主要材料  
供应单位：江苏南方机电公司　　2022 年 6 月 30 日

编号：142  
收料仓库：4 号仓库  
发票号码：

| 材料编号 | 材料名称 | 规格 | 计量单位 | 数量 | | 实际成本 | | | |
|---|---|---|---|---|---|---|---|---|---|
| | | | | 应收 | 实收 | 单价 | 发票金额 | 运杂费 | 合 计 |
| | A 材料 | M1 | 件 | | 200 | | | | 200 000.00 |
| | | | | | | | | | |
| 备注： | 发票账单未到，按估价入账 | | | | | | | | |

采购员：　　　　检验员：白云　　　　记账员：　　　　保管员：张群

**要求**　根据以上原始凭证进行会计处理。

# 任务三　原材料按计划成本计价的收发核算

## 知识认知能力训练

### 一、单项选择能力训练

1. 材料按计划成本计价核算的企业，下列项目中应记入"材料采购"科目贷方的是（　　）。
   A. 材料的买价　　　　　　　　　　B. 采购材料的运杂费
   C. 结转入库材料的超支差异　　　　D. 结转入库材料的节约差异

2. 按计划成本进行日常材料核算的企业，对于月末尚未收到发票账单等票据，但材料已收到并入库的业务，应当（　　）。
   A. 暂不做账务处理，待单据收到时再记账
   B. 按计划成本暂估入账，记入"原材料"科目
   C. 按计划成本暂估入账，记入"材料采购"科目
   D. 按合同价格入账，记入"材料采购"和"材料成本差异"科目

3. 某企业对材料采用计划成本核算。2022年12月1日，结存材料的计划成本为400万元，材料成本差异贷方余额为6万元；本月入库材料的计划成本为2 000万元，材料成本差异借方发生额为12万元；本月发出材料的计划成本为1 600万元。该企业2022年12月31日结存材料的实际成本为（　　）万元。
   A. 798　　　　B. 800　　　　C. 802　　　　D. 1 604

4. 关于"材料成本差异"科目，下列说法错误的是（　　）。
   A. 入库材料实际成本大于计划成本的差异额记入该账户的借方
   B. 入库材料实际成本小于计划成本的差异额记入该账户的贷方
   C. 发出材料应分摊的超支差异额必须记入该账户的贷方
   D. 发出材料应分摊的节约差异额必须记入该账户的借方

5. 某企业原材料采用计划成本核算，甲材料计划成本每千克为15元。本月购进甲材料9 000千克，取得的增值税专用发票上注明的价款为150 000元，增值税税额为19 500元。原材料已经验收入库，则购进甲材料发生的成本差异为（　　）元。
   A. 25 500　　　B. -15 000　　　C. 15 000　　　D. 20 000

6. 某企业月初结存材料的计划成本为250万元，材料成本差异为超支45万元。当月入库材料的计划成本为550万元，材料成本差异为节约65万元。当月生产车间领用材料的计划成本为600万元。当月生产车间领用材料的实际成本为（　　）万元。
   A. 645　　　　B. 503　　　　C. 630　　　　D. 585

7. 某企业材料采用计划成本核算。月初结存材料计划成本为200万元,材料成本差异为节约20万元,当月购入材料一批,实际成本为135万元,计划成本为150万元,领用材料的计划成本为180万元。当月结存材料的实际成本为( )万元。
   A. 153　　　　　B. 162　　　　　C. 170　　　　　D. 187
8. 下列各项中,关于"材料成本差异"科目的表述正确的是( )。
   A. 期初贷方余额反映库存材料的超支差异
   B. 期末余额应在资产负债表中单独列示
   C. 期末贷方余额反映库存材料的节约差异
   D. 借方登记入库材料的节约差异

## 二、多项选择能力训练

1. "材料成本差异"科目借方可以用来登记( )。
   A. 购进材料实际成本小于计划成本的差额
   B. 发出材料应负担的实际成本大于计划成本的差额
   C. 发出材料应负担的实际成本小于计划成本的差额
   D. 购进材料实际成本大于计划成本的差额
2. "材料成本差异"科目贷方可以用来登记( )。
   A. 购进材料实际成本小于计划成本的差额
   B. 发出材料应负担的实际成本大于计划成本的差额
   C. 发出材料应负担的实际成本小于计划成本的差额
   D. 购进材料实际成本大于计划成本的差额

## 三、不定项选择能力训练

甲公司为增值税一般纳税人,适用的增值税税率为13%,存货采用计划成本核算。A材料的计划单位成本为0.21万元。2022年6月与存货有关的经济业务如下:

(1) 6月1日,原材料——A材料借方余额为2 500万元,材料成本差异贷方余额为300万元。

(2) 6月3日,购入A材料1 000吨,取得货物增值税专用发票注明的价款为200万元,增值税税额为26万元,取得运费增值税专用发票注明的运费为2万元,增值税税额为0.18万元。材料已验收入库,以上款项均已通过银行转账方式支付。

(3) 6月12日,购入A材料2 000吨,取得货物增值税专用发票注明的价款为500万元,增值税税额为65万元,取得运费普通发票注明的运费价税合计金额为5万元,支付保险费、包装费共计2万元,支付入库前挑选整理人员工资1万元。验收入库时发现短缺1吨,经查明属于运输途中的合理损耗,以上款项均已通过银行转账方式支付。

(4) 6月22日,以电汇方式购入A材料3 000吨,取得货物增值税专用发票注明的价款为600万元,增值税税额为78万元。但材料尚未收到。

(5) 6月25日,收到22日购入的A材料3 000吨,并已验收入库。

(6) 截至6月30日,甲公司基本生产车间领用A材料2 500吨;辅助生产车间领用A材料100吨;车间管理部门领用A材料50吨;厂部管理部门领用A材料10吨。

要求:根据以上资料,不考虑其他因素,分析回答下列小题。(计算结果保留小数点后两位,答案中金额单位用万元表示)

1. 甲公司2022年6月3日购入A材料应当编制的会计分录正确的是( )。
  A. 借:原材料              2 000 000
    应交税费——应交增值税(进项税额)   260 000
   贷:银行存款             2 260 000
  B. 借:材料采购             2 020 000
    应交税费——应交增值税(进项税额)   261 800
   贷:银行存款             2 281 800
  C. 借:原材料              2 100 000
   贷:材料采购             2 020 000
     材料成本差异            80 000
  D. 借:原材料              2 000 000
   贷:材料采购             2 000 000

2. 甲公司2022年6月12日购入A材料的实际成本为( )万元。
  A. 419.79     B. 508     C. 507.59     D. 573

3. 甲公司2022年6月22日应当编制的会计分录为( )。
  A. 借:原材料
   贷:材料采购
     材料成本差异
  B. 借:材料采购
    应交税费——应交增值税(进项税额)
   贷:银行存款
  C. 借:原材料
    应交税费——应交增值税(进项税额)
   贷:银行存款
  D. 无需做账务处理

4. 甲公司2022年6月的材料成本差异率为( )。
  A. 6.64%     B. 5.25%     C. -6.64%     D. -5.25%

5. 下列关于6月领用A材料的表述正确的是( )。
  A. 记入"生产成本——基本生产成本"科目的金额为490.14万元
  B. 记入"生产成本——辅助生产成本"科目的金额为19.16万元
  C. 记入"制造费用"科目的金额为9.95万元
  D. 记入"管理费用"科目的金额为1.99万元

### 四、判断能力训练

1. 采用计划成本进行核算的企业，发出材料应负担的材料成本差异，可按当月或上月的材料成本差异率计算。（　　）
2. 采用计划成本进行核算的企业，月末分摊材料成本差异时，节约记入"材料成本差异"贷方，超支则相反。（　　）
3. 在计划成本法下，企业已支付货款但尚在运输中或尚未验收入库的材料，应通过"在途物资"这个科目来核算。（　　）
4. 无论企业对存货是采用实际成本核算，还是采用计划成本核算，发出存货成本结转最终应采用实际成本。（　　）

# 专业应用能力训练

### 训练一

**资料**　某制造企业月初库存甲材料 1 000 千克，单位计划成本为每千克 120 元，材料成本差异额为超支 2 400 元，本月购入材料计 3 000 千克，实际成本为 330 000 元，本月生产领用材料 3 800 千克。

**要求**
（1）计算材料成本差异率。
（2）计算该企业当月发出材料实际成本。

### 训练二

**资料**　某企业为一般纳税人，材料按计划成本计价核算，甲材料计划单位成本为每千克 10 元。该企业 2022 年 6 月份有关资料如下：

（1）"原材料"账户月初余额 40 000 元，"材料成本差异"账户月初贷方余额 500 元，"材料采购"账户月初借方余额 10 600 元（上述账户核算的均为甲材料）。
（2）6 月 5 日，企业上月已付款的甲材料 1 000 千克如数收到，已验收入库。
（3）6 月 15 日，从外地 A 公司购入甲材料 6 000 千克，增值税专用发票上注明的材料价款为 59 000 元，增值税税额为 7 670 元，企业已用银行存款支付上述款项，材料尚未到达。
（4）6 月 20 日，从 A 公司购入的甲材料到达，验收入库时发现短缺 40 千克，经查明为途中定额内自然损耗。按实收数量验收入库。
（5）6 月 30 日，汇总本月发料凭证，本月共发出甲材料 7 000 千克，全部用于产品生产。

**要求**　根据以上业务编制相关的会计分录，并计算出材料成本差异率、本月发出材料应负担的成本差异及月末库存材料的实际成本。

### 训练三

**资料** 万顺公司是增值税一般纳税人,原材料采用计划成本核算,2022年7月初"原材料"账户借方余额15 000元,"材料成本差异"账户贷方余额600元,7月发生下列经济业务:

(1) 2日,上月甲企业发来的在途A材料到达并验收入库,实际成本21 300元,计划成本20 000元。货款已于上月预付,本月开出转账支票补付差价款5 000元。

(2) 5日,向乙企业采购A材料,取得增值税专用发票注明价款10 000元,增值税1 300元;运输费300元,增值税27元。全部款项用银行汇票支付,材料已验收入库,计划成本9 000元。

(3) 10日,向甲企业采购A材料,取得增值税专用发票注明价款150 000元,增值税19 500元。企业签发并承兑一张票面价值为169 500元、1个月到期的商业汇票结算材料款。该批材料已验收入库,计划成本160 000元。

(4) 12日,向丙企业购入A材料400千克,取得增值税专用发票注明价款20 000元,增值税2 600元。货款已通过银行转账支付,材料尚未收到。

(5) 18日,向丙企业采购的A材料运到,实际验收入库393千克,短缺7千克属于定额内合理损耗。A材料计划单位成本为48元/千克。

(6) 20日,向乙企业购入A材料,发票账单已收到,材料价款60 000元,增值税7 800元。材料已验收入库,计划成本60 000元,货款尚未支付。

(7) 31日,根据发料凭证汇总表,本月发出材料计划成本为130 000元,其中:生产产品领用120 000元,车间管理部门领用6 000元,厂部管理部门领用4 000元。

(8) 计算本月的材料成本差异率并结转发出材料应承担的差异。

(9) 计算本月发出材料的实际成本。

(10) 计算本月结存材料的实际成本。

**要求**

(1) 写出(1)—(6)的会计分录。

(2) 计算(8)—(10)的金额。

### 训练四

甄别相关原始凭证,写出相关会计分录(或填制相关记账凭证)。

1-1

## 江苏省增值税专用发票

NO 004893596

开票日期：2022 年 7 月 1 日

| 购货单位 | 名称 | 江苏环宇公司 | | | | 密码区 | 67/＊＋3＊0/611＊++0/+0＊/＊<br>＋3＋2/9＊11＊＋66666＊＊<br>066611＊+66666＊1＊＊+216＊＊<br>＊6000＊261＊2＊4/＊547203994<br>+－42＊64151＊6915311/3＊ | |
|---|---|---|---|---|---|---|---|---|
| | 纳税人识别号 | 320303001119928 | | | | | | |
| | 地址、电话 | 徐州市建国路180号 | | | | | | |
| | 开户银行及账号 | 中行徐州分行 740108320311 | | | | | | |
| 货物或应税劳务名称 | | 规格型号 | 单位 | 数量 | 单价 | 金额 | 税率 | 税额 |
| A 材料 | | M1 | 件 | 100 | 1 000.00 | 100 000.00 | 13% | 13 000.00 |
| 合计 | | | | | | 100 000.00 | | 13 000.00 |
| 价税合计（大写） | | 壹拾壹万叁仟元整 | | | （小写） | ￥113 000.00 | | |
| 销货单位 | 名称 | 江苏南方机电公司 | | | | 备注 | | |
| | 纳税人识别号 | 3205021679933 | | | | | | |
| | 地址、电话 | 苏州市苏安路109号 | | | | | | |
| | 开户银行及账号 | 工商银行新区支行 4222304131 | | | | | | |

第一联 发票联

收款人：张灿　　复核：李琴　　开票人：谭胜　　销货单位：（章）

（抵扣联略）

1-2

**中国银行**
**转账支票存根**

支票号码：NO 20003602

附加信息

_____

_____

出票日期　2022 年 7 月 1 日

| 收款人： | 江苏南方机电公司 |
|---|---|
| 金额： | ￥113 000.00 |
| 用途： | 购材料 |

单位主管　方泊　　会计　马红

1-3

## 收 料 单

材料科目：原材料  编号：136
材料类别：原料及主要材料  收料仓库：4号仓库
供应单位：江苏南方机电公司　　2022年7月1日　　　发票号码：004893596

| 材料编号 | 材料名称 | 规格 | 计量单位 | 数量 | | 实际成本 | | 计划成本 | |
|---|---|---|---|---|---|---|---|---|---|
| | | | | 应收 | 实收 | 单价 | 金额 | 单价 | 金额 |
| | A材料 | M1 | 件 | 100 | 100 | 1 000 | 100 000.00 | 1 050 | 105 000.00 |
| | | | | | | | | | |

材料成本差异：5 000.00

采购员：　　　　　检验员：白云　　　　　记账员：　　　　　保管员：张群

2-1

## 领 料 单

领用部门：生产车间　　　2022年7月5日　　　编号：016

| 项目 用途 | 材料名称 | A材料 | 规格 | M1 | 计量单位 | 件 |
|---|---|---|---|---|---|---|
| | 请领 | 实发 | 计划单价 | | 金额 | 备注 |
| 生产乙产品 | 150 | 150 | 1 050 | | 157 500.00 | 材料成本差异率2% |
| | | | | | | |
| 小计 | | 150 | | | 157 500.00 | |

主管：　　　审核：王露　　　领料人：孙序　　　会计：马红　　　发料人：张群

## 任务四　核算周转材料

## 知识认知能力训练

### 一、单项选择能力训练

1．销售过程中领用不单独计价包装物，应将其成本记入（　　）账户。
   A．"生产成本"　　B．"管理费用"　　C．"销售费用"　　D．"制造费用"
2．随同产品出售单独计价的包装物出售收入应记入（　　）账户。
   A．"主营业务收入"　　　　　　　　B．"其他业务收入"
   C．"营业外收入"　　　　　　　　　D．"投资收益"

3. 随同产品出售并单独计价的包装物的成本应结转计入（    ）。
   A. 销售费用　　　　　　　　　B. 生产成本
   C. 主营业务成本　　　　　　　D. 其他业务成本
4. 基本生产车间使用的低值易耗品在报废时，对其残料价值的正确处理是（    ）。
   A. 冲减当期的管理费用　　　　B. 冲减当期的制造费用
   C. 计入营业外收入　　　　　　D. 冲减营业外支出

## 二、多项选择能力训练

1. 生产过程中领用包装物的成本应记入（    ）账户。
   A. "生产成本"　　B. "管理费用"　　C. "销售费用"　　D. "制造费用"
2. 下列资产属于周转材料的有（    ）。
   A. 生物资产　　　B. 包装物　　　　C. 低值易耗品　　D. 原材料
3. 下列各项中，应作为包装物进行核算和管理的有（    ）。
   A. 生产过程中用于包装产品，构成产品组成部分的包装物
   B. 随同产品出售而不单独计价的包装物
   C. 随同产品出售而单独计价的包装物
   D. 出租或出借给购货单位使用的包装物
4. 下列业务中，通过"其他业务收入"科目核算的有（    ）。
   A. 随同产品出售，单独计价包装物取得的收入
   B. 出租包装物取得的租金收入
   C. 出借、出租包装物没收的押金收入
   D. 出租、出借包装物收到的押金
5. 下列项目中，应作为销售费用的有（    ）。
   A. 随同商品出售，不单独计价的包装物的成本
   B. 随同商品出售，单独计价的包装物的成本
   C. 出租包装物的摊销价值
   D. 出借包装物的摊销价值

## 三、判断能力训练

1. 周转材料取得、发出、结存既可以采用实际成本计价，也可以采用计划成本计价。（    ）
2. 会计中通过周转材料的摊销核算反映其使用中的价值转移。（    ）
3. 采用分次摊销法，低值易耗品领用时应借记"管理费用"或"制造费用"等账户。（    ）
4. 出租包装物，收取押金，应记入"其他应收款"账户。（    ）
5. 为加强对低值易耗品的实物管理，应在仓库中设置备查簿，对领用及退回低值易耗品进行登记。（    ）

# 专业应用能力训练

## 训练一

**资料** 某企业 2022 年 5 月份发生下列经济业务：

（1）购入工作服 100 套，买价 6 000 元，增值税专用发票列明增值税税款 780 元，款项以银行存款支付，该批工作服已入库。

（2）生产车间领用上述 100 套工作服（采用一次摊销法）。

**要求** 写出相关会计分录。

## 训练二

甄别相关原始凭证，写出相关会计分录（或填制相关记账凭证）。

**1-1**

### 江苏省增值税专用发票

NO 005693612

开票日期：2022 年 6 月 11 日

| 购货单位 | 名称 | 江苏环宇公司 | | | | 密码区 | 67/ * +3 * 0/611 * * * 0/+0 * / * <br> +3 +2/9 11 * + 66666 * * 066611 <br> * +66666 * 1 * * + 216 * * * 6000 * <br> 261 * 2 * 4/ * 547203994 + - 42 * <br> 64151 * 6915361/3 * | | |
|---|---|---|---|---|---|---|---|---|---|
| | 纳税人识别号 | 320303001119928 | | | | | | | |
| | 地址、电话 | 徐州市建国路 180 号 | | | | | | | |
| | 开户银行及账号 | 中行徐州分行 740108320311 | | | | | | | |
| 货物或应税劳务名称 | | 规格型号 | 单位 | 数量 | 单价 | 金额 | | 税率 | 税额 |
| 办公桌 | | | 套 | 3 | 500.00 | 1 500.00 | | 13% | 195.00 |
| 合计 | | | | | | 1 500.00 | | | 195.00 |
| 价税合计（大写） | | 壹仟陆佰玖拾伍元整 | | | | （小写）¥ 1 695.00 | | | |
| 销货单位 | 名称 | 徐州鹏飞公司 | | | | 备注 | | | |
| | 纳税人识别号 | 3203021679955 | | | | | | | |
| | 地址、电话 | 徐州市西安路 208 号 | | | | | | | |
| | 开户银行及账号 | 工商银行新区支行 4222304185 | | | | | | | |

收款人：张灿　　复核：李琴　　开票人：谭胜　　销货单位：（章）

（抵扣联略）

第一联 发票联

1-2

**中国银行
转账支票存根**

支票号码：NO 20003603

附加信息

_____

_____

出票日期　2022 年 6 月 11 日

收款人：　徐州鹏飞公司

金　额：　￥1 695.00

用　途：　购材料

单位主管　方泊　　会计　马红

1-3

## 收 料 单

材料科目：周转材料　　　　　　　　　　　　　　　　编号：139
材料类别：低值易耗品　　　　　　　　　　　　　　　收料仓库：1 号仓库
供应单位：徐州鹏飞公司　　2022 年 6 月 11 日　　　发票号码：NO 005693612

| 材料编号 | 材料名称 | 规格 | 计量单位 | 数量 应收 | 数量 实收 | 实际成本 单价 | 实际成本 发票金额 | 实际成本 运杂费 | 实际成本 合计 |
|---|---|---|---|---|---|---|---|---|---|
|  | 办公桌 |  | 套 | 3 | 3 | 500 | 1 500.00 |  | 1 500.00 |
|  |  |  |  |  |  |  |  |  |  |
| 备注： |  |  |  |  |  |  |  |  |  |

采购员：　　　　　检验员：白云　　　　　记账员：　　　　　保管员：张群

2-1

## 周转材料出库单

领用部门：车间　　　　　2022 年 6 月 29 日　　　　　编号：857001

| 材料编号 | 材料名称 | 单位 | 请领数量 | 实发数量 | 单价 | 金额 |
|---|---|---|---|---|---|---|
|  | 办公桌 | 套 | 3 | 3 |  | 1 500 |
| 用途 | 领料部门 | | | 发料部门 | | |
| | 负责人 | 领料人 | | 核准人 | 发料人 | |
| | 张铭 | 赵欣 | | 刘志 | 杨山 | |

注：采用一次摊销法。

## 任务五　核算委托加工物资

### 知识认知能力训练

#### 一、单项选择能力训练

1. 某企业为增值税一般纳税人，适用的增值税税率为13%，适用的消费税税率为10%。该企业委托其他单位（增值税一般纳税企业）加工一批属于应税消费品的原材料（非金银首饰），该批委托加工原材料收回后用于继续生产应税消费品。发出材料的成本为180万元。支付的不含增值税的加工费为90万元。该批原材料已加工完成并验收，成本为(　　)万元。

　　A. 270　　　　　　B. 280　　　　　　C. 300　　　　　　D. 315.30

2. 一般纳税人委托其他单位加工材料收回后直接对外销售的，其发生的下列支出中，不应计入委托加工材料成本的是(　　)。

　　A. 发出材料的实际成本　　　　　　B. 支付给受托方的加工费
　　C. 支付给受托方的增值税　　　　　D. 受托方代收代缴的消费税

#### 二、多项选择能力训练

1. 下列各项中，增值税一般纳税企业应计入收回委托加工物资成本的有(　　)。

　　A. 支付的加工费
　　B. 随同加工费支付的增值税
　　C. 支付的收回后继续加工的委托加工物资的消费税
　　D. 负担的运杂费

2. 下列税金中，不应计入存货成本的有(　　)。

　　A. 由受托方代收代缴的委托加工直接用于对外销售的商品负担的消费税
　　B. 由受托方代收代缴的委托加工继续用于生产应纳消费税的商品负担的消费税
　　C. 委托加工物资往来运输费中所含增值税
　　D. 支付给受托方的增值税

3. 某增值税一般纳税企业委托外单位将A货物加工成B货物，B货物为应税消费品，B货物收回后用于连续生产应税消费品甲产品。该货物委托加工中发生的下列支出，计入B货物成本的是(　　)。

　　A. A货物的实际成本　　　　　　　B. 增值税专用发票上注明的加工费
　　C. 增值税专用发票上注明的增值税　D. 受托单位代收代缴的消费税

## 专业应用能力训练

### 训练一

某企业 2022 年 6 月份发生下列经济业务,试做出相应的账务处理:
1. 委托 A 单位加工物资一批,用于直接销售。
(1) 发出材料,材料实际成本 50 000 元。
(2) 以银行存款支付加工费用 4 000 元(不含增值税)及税款,增值税税率为 13%,消费税税率为 10%。
(3) 物资加工完毕,验收入库。
2. 委托 B 单位加工物资一批,用于连续生产应税消费品。
(1) 发出材料,材料实际成本 80 000 元。
(2) 以银行存款支付加工费用 10 000 元(不含增值税)及税款,增值税税率为 13%,消费税税率为 10%。
(3) 物资加工完毕,验收入库。

### 训练二

甲公司为增值税一般纳税人,适用增值税税率为 13%,原材料按实际成本核算,2022 年 12 月初,A 材料账面余额 90 000 元。该公司 12 月份发生的有关经济业务如下:
(1) 5 日,购入 A 材料 1 000 千克,增值税专用发票上注明的价款 300 000 元,增值税税额为 39 000 元,购入该种材料发生保险费 1 000 元(取得普通发票),发生运输费取得增值税专用发票注明运费 4 000 元,增值税税额为 360 元。运输过程中发生合理损耗 10 千克,材料已验收入库,款项已通过银行付清。
(2) 15 日,委托外单位加工 B 材料(属于应税消费品),发出 B 材料成本为 70 000 元,支付加工费 20 000 元,取得的增值税专用发票上注明的增值税税额为 1 800 元,由受托方代收代缴的消费税为 10 000 元。材料加工完毕验收入库,款项均已支付,材料收回后用于继续生产应税消费品。
(3) 20 日,领用 A 材料 60 000 元,用于公司专设销售机构办公楼的日常维修,材料的相关增值税税额为 7 800 元。
(4) 31 日,生产领用 A 材料一批,该批材料成本为 15 000 元。
**要求** 根据上述资料,不考虑其他因素,写出相关会计分录。

## 任务六　核算库存商品

### 知识认知能力训练

#### 单项选择能力训练

1. 某企业为增值税一般纳税人，本月购入一批商品，取得的增值税专用发票上注明的价款为 800 000 元，增值税税额为 104 000 元；发生装卸费 8 000 元，增值税税额为 480 元；途中保险费为 5 000 元，增值税税额为 300 元。该批商品已验收入库。则该批商品的实际成本为（　　）元。
    A. 800 000　　　B. 936 000　　　C. 944 000　　　D. 813 000
2. 某商品流通企业采用毛利率法核算库存商品。2022 年 7 月 1 日，家电类库存商品余额为 360 万元，7 月份购进商品 400 万元，销售商品取得不含增值税收入 580 万元，上季度该类商品毛利率为 20%。不考虑其他因素，7 月 31 日该企业家电类库存商品成本为（　　）万元。
    A. 608　　　　　B. 464　　　　　C. 296　　　　　C. 180
3. 某企业库存商品采用售价金额法核算，2022 年 5 月初库存商品售价总额为 14.4 万元，进销差价率为 15%，本月购入库存商品进价成本总额为 18 万元，售价总额为 21.6 万元，本月销售商品收入为 20 万元，该企业本月销售商品的实际成本为（　　）万元。
    A. 20　　　　　B. 16.8　　　　C. 17　　　　　D. 16
4. 下列各项中，不属于库存商品的是（　　）。
    A. 接受外来材料的代制品
    B. 寄存在外销售的商品
    C. 为外单位加工代修品
    D. 已完成销售手续，商品控制权已转移至客户，但未提取的商品

### 专业应用能力训练

北方公司是增值税一般纳税人，生产 A、B 两种产品，产品成本采用月末一次加权平均法计算。2022 年 7 月初"库存商品——A 产品"账户余额为 16 000 元（200 件），"库存商品——B 产品"账户余额为 8 000 元（50 件）。7 月份发生以下相关业务：

**1-1**

### 产成品入库单
2022 年 7 月 31 日

| 产品编号 | 名称 | 规格 | 计量 | 数量 | 单价 | 金额 | 备注 |
|---|---|---|---|---|---|---|---|
|  | A |  | 件 | 800 | 90 |  |  |
|  | B |  | 件 | 200 | 180 |  |  |

编制：朱欢　　　　　　　　　　　　　　　审核：李明

**2-1**

### 单位产品成本计算表
2022 年 7 月 31 日

| 产品名称 | 期初产成品 || 本月完工产品 || 加权平均单价 |
|---|---|---|---|---|---|
|  | 数量 | 金额 | 数量 | 金额 |  |
| A |  |  |  |  |  |
| B |  |  |  |  |  |

编制：朱欢　　　　　　　　　　　　　　　审核：李明

**2-2**

### 产品成本结转表
2022 年 7 月 31 日

| 项　　目 | A 产品 ||| B 产品 |||
|---|---|---|---|---|---|---|
|  | 数量 | 单位成本 | 总成本 | 数量 | 单位成本 | 总成本 |
| 销售 | 850 |  |  | 220 |  |  |
| 厂房扩建领用 | 50 |  |  |  |  |  |
| 合计 |  |  |  |  |  |  |

编制：朱欢　　　　　　　　　　　　　　　审核：李明

### 要求

（1）完成 2-1、2-2 原始凭证的填制。

（2）甄别相关原始凭证，写出相关会计分录（或填制相关记账凭证）。

# 任务七 核算存货的清查

## 知识认知能力训练

### 一、单项选择能力训练

1. 企业发生的原材料盘亏或毁损,不应作为管理费用列支的是( )。
   A. 自然灾害造成的毁损净损失
   B. 保管中发生的定额内自然损耗
   C. 收发计量造成的盘亏损失
   D. 管理不善造成的盘亏损失

2. 某企业因火灾原因毁损一批原材料20 000元,该批原材料增值税进项税额为2 600元。收到各种赔款2 000元。报经批准后,应记入"营业外支出"科目的金额为( )元。
   A. 20 000     B. 18 000     C. 23 400     D. 21 200

3. 下列各项中,关于企业原材料盘亏及毁损会计处理表述正确的是( )。
   A. 保管员过失造成的损失,计入管理费用
   B. 因台风造成的净损失,计入营业外支出
   C. 应由保险公司赔偿的部分,计入营业外收入
   D. 经营活动造成的净损失,计入其他业务成本

4. 某企业为增值税一般纳税人,适用的增值税税率为13%。该企业因管理不善使一批库存材料被盗。该批原材料的实际成本为40 000元,购买时支付的增值税为5 200元,应收保险公司赔偿21 000元。不考虑其他因素,该批被盗原材料形成的净损失为( )元。
   A. 19 000     B. 40 000     C. 46 400     D. 24 200

### 二、多项选择能力训练

企业库存材料发生盘亏或毁损,在查明原因后应分别记入( )科目。
   A. "管理费用"              B. "营业外支出"
   C. "原材料"                D. "其他应收款"

### 三、判断能力训练

1. 因自然损耗产生的定额内损耗,应将其净损失转作营业外支出。( )
2. 存货发生毁损,应将净损失转入"管理费用"或"营业外支出"科目。( )

# 专业应用能力训练

## 训练一

**资料** 某企业有关资料如下：

(1) 6月22日，材料仓库送来存货盘点报告表如下：

**存货盘点报告表**

2022年6月22日

| 品名 | 计量单位 | 单价 | 账存数量 | 实存数量 | 盘亏数量 | 盘亏金额 | 盘盈数量 | 盘盈金额 | 原因 |
|---|---|---|---|---|---|---|---|---|---|
| 甲 | 千克 | 6.00 | 4 200 | 4 185 | 15 | 90.00 | | | |
| 乙 | 千克 | 8.00 | 3 175 | 3 172 | 3 | 24.00 | | | 待查 |
| 丙 | 千克 | 5.00 | 1 840 | 1 850 | | | 10 | 50.00 | |
| 合计 | | | | | — | 114.00 | — | 50.00 | |

(2) 6月25日，查明本月22日盘亏的甲材料与盘盈的丙材料系收发工作中的差错，经批准予以核销转账。

(3) 6月26日，查明本月22日盘亏的乙材料系自然损耗（定额内），经批准予以核销转账。

(4) 6月27日，库存商品仓库报告因水灾造成A产品5件毁损，成本共计7 500元，该批毁损A产品耗用的购进材料的增值税进项税额为850元。应收保险公司赔偿款3 000元，将净损失予以转账。

**要求** 根据上述资料编制会计分录。

## 训练二

甄别相关原始凭证，写出相关会计分录（或填制相关记账凭证）。

**材料盘盈盘亏核销报告表**

2022年6月30日

部门：

| 编号 | 品名规格 | 单位 | 账面数量 | 实存数量 | 盘盈数量 | 盘盈金额 | 盘亏数量 | 盘亏金额 | 原因 |
|---|---|---|---|---|---|---|---|---|---|
| | 生铁 | 吨 | 4 | 3.95 | | | 0.05 | 150 | 计量不准 |
| | | | | | | | | | |
| | | | | | | | | | |

| 处理意见 | 保管部门 | 清查小组 | 审批部门 |
|---|---|---|---|
| | 计入费用 | 计入管理费用 | 同意清查小组意见 |

负责人：程洪　　　　　　保管：杨萍　　　　　　清点人：张利

# 任务八　核算存货的减值准备

## 知识认知能力训练

### 一、单项选择能力训练

1. 下列关于存货可变现净值的表述，正确的是(　　)。
   A. 可变现净值等于存货的市场销售价格
   B. 可变现净值等于销售存货产生的现金流入
   C. 可变现净值等于销售存货产生的现金流入的现值
   D. 可变现净值是确认存货跌价准备的重要依据之一

2. 2022年3月31日，某企业乙存货的实际成本为100万元，加工该存货至完工产成品估计还将发生成本为25万元，估计销售费用和相关税费为3万元，估计该存货生产的产成品售价120万元。假定乙存货月初"存货跌价准备"科目余额为12万元，2022年3月31日应计提的存货跌价准备为(　　)万元。
   A. -8　　　　　B. 4　　　　　C. 8　　　　　D. -4

### 二、多项选择能力训练

1. 下列项目中，计算材料存货可变现净值时，可能会影响可变现净值的有(　　)。
   A. 估计售价　　　　　　　　　B. 存货的账面成本
   C. 估计发生的销售费用　　　　D. 至完工估计将要发生的加工成本

2. 下列各项中，影响企业资产负债表日存货可变现净值的有(　　)。
   A. 存货的账面价值
   B. 销售存货过程中估计的销售费用及相关税费
   C. 存货的估计售价
   D. 存货至完工估计将要发生的成本

### 三、判断能力训练

1. 存货发生减值时，要提取存货跌价准备。提取存货跌价准备后，当存货的价值又得到恢复时，不能将提取的存货跌价准备转回。(　　)

2. 成本与可变现净值孰低法中的"成本"是指存货的历史成本,可变现净值是指存货的估计售价。( )

3. 企业计提了存货跌价准备,如果其中有部分存货实现销售,则企业在结转销售成本时,应同时结转对其已计提的存货跌价准备。( )

## 专业应用能力训练

### 训练一

**资料**

(1) 某公司 2020 年 12 月 31 日结存甲产品成本 200 000 元,可变现净值 180 000 元。

(2) 2021 年 12 月 31 日,结存甲产品成本 400 000 元,可变现净值 350 000 元。

(3) 2022 年 12 月 31 日,结存甲产品成本 600 000 元,可变现净值 780 000 元。

**要求** 根据以上资料,编制会计分录。

### 训练二

甲公司为增值税一般纳税人,适用的增值税税率为 13%,原材料采用计划成本核算。2022 年 9 月 1 日,"原材料——A 材料"科目借方余额为 1 463 万元,"材料成本差异"科目贷方余额为 62.89 万元,"存货跌价准备——甲产品"科目贷方余额为 122 万元。9 月份发生如下经济业务:

(1) 2 日,外购 A 材料一批,取得增值税专用发票注明的价款为 210 万元,增值税税额为 27.3 万元;取得运费增值税专用发票注明的运费为 2 万元,增值税税额为 0.18 万元;取得增值税专用发票注明的保险费为 1 万元,增值税税额为 0.06 万元。以上款项均以银行存款支付。该批原材料已验收入库,其计划成本为 200 万元。

(2) 10 日,将一批计划成本为 120 万元的 A 材料发往乙公司进行加工,支付加工费及辅料费取得增值税专用发票注明加工费 13.6 万元,增值税税额为 1.768 万元。公司按税法规定代扣代缴消费税 32.5 万元。A 材料加工后成为 B 材料。甲公司将收回的 B 材料用于连续生产加工应税消费品丁产品。

(3) 20 日,甲公司收回 B 材料并验收入库,其计划成本为 140 万元。

(4) 25 日,生产车间领用 A 材料一批,其计划成本为 520 万元。

(5) 30 日,库存商品——甲产品成本为 1 200 万元,预计市场售价为 1 210 万元,预计销售甲产品将发生销售税费合计 18 万元。

**要求** 根据上述资料,不考虑其他因素,写出相关分录。

## 拓展阅读与训练

### 康佳集团 2001 年的存货大跌价！

康佳集团是一家以生产经营彩色电视机、数字移动电话以及液晶显示器等网络产品为主，兼营电冰箱、空调器、洗衣机、无绳电话及其配套产品(如高频头、模具、注塑、包装等)等的企业。

2001 年是康佳战略转型的一年。公司所在的彩电行业由于受国际、国内家电行业调整的影响，经营环境不断恶化，一方面公司早年规模和产能提升过快，整体存货偏高；同时彩电激烈的市场竞争和价格战，缩短了产品生命周期，上游原材料包括彩管、半导体等价格持续下调，造成企业跌价损失严重。2001 年度共实现销售收入 674 812.20 万元，同比下降 24.63%，年度亏损达到 69 979.15 万元，每股亏损 1.16 元。在存货的处理方面，康佳清理彩电及其他库存产品达到 150 万台，仅此项跌价损失占 2000 年亏损总额的 55.79%。规模扩张过快，导致产销失衡，库存积压较大，进而导致计提大量存货跌价损失，使经营业绩大幅下滑，出现了自 1992 年上市以来的首次亏损，且数额较大。

通过网络媒体寻找另外的家电巨头计提存货准备的事例。

# 项目六

# 认知金融资产、计量对外投资

## 任务一 核算交易性金融资产

### 知识认知能力训练

#### 一、单项选择能力训练

1. 企业取得交易性金融资产支付的价款中包含已宣告但尚未发放的现金股利应当计入( )账户。
   A. "交易性金融资产"  B. "应收股利"
   C. "公允价值变动损益"  D. "资本公积"

2. 在持有交易性金融资产期间收到的股利或利息收入,应当记入( )账户。
   A. "公允价值变动损益"  B. "营业外收入"
   C. "其他业务收入"  D. "投资收益"

3. A公司于2022年10月5日从证券市场上购入B公司发行在外的股票400万股作为交易性金融资产,每股支付价款5元,另支付相关费用1.5万元(不含增值税)。2022年12月31日,这部分股票的公允价值为2 350万元,A公司2022年12月31日应确认的公允价值变动损益为( )万元。
   A. 损失350  B. 收益350
   C. 收益348.5  D. 损失348.5

4. 某股份有限公司于2022年3月30日,以每股12元的价格购入某上市公司股票50万股,划分为交易性金融资产,购买该股票支付手续费等10万元(含增值税0.57万元)。5月22日,收到该上市公司按每股0.5元发放的现金股利。12月31日该股票的市价为每股11元。2022年12月31日该交易性金融资产的账面价值为( )万元。
   A. 550  B. 575  C. 585  D. 610

5. 企业发生的以公允价值计量且其变动计入当期损益的交易性金融资产的下列有关业务中,不应贷记"投资收益"的是( )。
   A. 持有期间获得的现金股利收入

B. 持有期间获得的债券利息收入

C. 资产负债表日,持有的股票市价大于其账面价值

D. 企业转让交易性金融资产收到的价款大于其账面价值的差额

6. 下列各项中,构成交易性金融资产成本的是(　　)。

　A. 购买交易性金融资产支付的价款

　B. 购买交易性金融资产的价款中包含的已宣告但尚未领取的现金股利

　C. 购买交易性金融资产支付的手续费

　D. 购买交易性金融资产支付的增值税

## 二、多项选择能力训练

1. 交易性金融资产科目借方登记的内容有(　　)。

　A. 交易性金融资产的取得成本

　B. 资产负债表日其公允价值高于账面余额的差额

　C. 取得交易性金融资产所发生的相关交易费用

　D. 资产负债表日其公允价值低于账面余额的差额

2. 金融资产在初始核算时,一般使用(　　)科目。

　A. "交易性金融资产"　　　　　　B. "债权投资"

　C. "其他债权投资"　　　　　　　D. "其他权益工具投资"

3. 交易性金融资产的投资形式一般包括(　　)。

　A. 股票投资　　B. 债券投资　　C. 权证投资　　D. 基金投资

4. 下列各项中,不构成交易性金融资产成本的有(　　)。

　A. 已宣告发放但尚未领取的现金股利　　B. 买价

　C. 印花税　　　　　　　　　　　　　D. 佣金

## 三、不定项选择能力训练

1. 甲公司2022年从证券市场上购入股票作为交易性金融资产,有关资料如下：

(1) 5月10日,甲公司以620万元购入乙公司股票200万股作为交易性金融资产,另支付手续费6万元,并取得增值税专用发票,发票上注明增值税税额为0.36万元。

(2) 6月30日,该股票每股市价为3.2元。

(3) 8月10日,乙公司宣告分派现金股利,每股0.2元。

(4) 8月20日,甲公司收到分派的现金股利。

(5) 12月31日,甲公司仍持有该交易性金融资产,期末每股市价为3.6元。

(6) 2023年1月3日,甲公司以630万元出售该交易性金融资产(出售交易性金融资产适用的增值税税率为6%)。假定甲公司每年6月3日和12月31日对外提供财务报告。

要求：根据上述资料,不考虑其他因素,分析回答下列小题。

(1) 甲公司2022年5月10日取得交易性金融资产时,下列各项中正确的是(　　)。

A. 交易性金融资产取得时入账价值为600万元

B. 交易性金融资产取得时入账价值为626.24万元

C. 交易性金融资产取得时入账价值为620万元

D. 交易性金融资产取得时入账价值为606.24万元

(2) 关于甲公司2022年交易性金融资产的会计处理,下列各项中正确的是(　　)。

A. 8月10日应确认投资收益40万元

B. 8月10日应冲减交易性金融资产成本40万元

C. 2022年度确认投资收益34万元

D. 2022年度应确认公允价值变动损益100万元

(3) 下列关于甲公司2022年与交易性金融资产有关的会计处理中,正确的是(　　)。

A. 5月10日购入时：

借：交易性金融资产——成本　　　　　　　　　　　　6 200 000

　　投资收益　　　　　　　　　　　　　　　　　　　　60 000

　　应交税费——应交增值税(进项税额)　　　　　　　　3 600

贷：其他货币资金　　　　　　　　　　　　　　　　　6 263 600

B. 6月30日确认公允价值变动：

借：交易性金融资产——公允价值变动　　　　　　　　200 000

贷：公允价值变动损益　　　　　　　　　　　　　　　200 000

C. 8月10日宣告分派现金股利时：

借：应收股利　　　　　　　　　　　　　　　　　　　400 000

贷：投资收益　　　　　　　　　　　　　　　　　　　400 000

D. 12月31日确认公允价值变动时：

借：交易性金融资产——公允价值变动　　　　　　　　800 000

贷：公允价值变动损益　　　　　　　　　　　　　　　800 000

(4) 甲公司出售该金融资产时,有关公允价值变动损益的说法,正确的是(　　)。

A. 需要转入投资收益

B. 不需要做任何账务处理

C. 转入交易性金融资产——公允价值变动

D. 转入交易性金融资产——成本

(5) 下列关于2022年1月3日处置该交易性金融资产的表述中,正确的有(　　)。

A. 处置该交易性金融资产应缴纳的增值税税额为5 660.38元

B. 处置该交易性金融资产发生的增值税借方应计入管理费用

C. 处置该交易性金融资产发生的增值税借方应计入投资收益

D. 计算增值税税额时应扣除买价中包含的已宣告但尚未发放的现金股利

2. 乙公司从市场上购入债券作为交易性金融资产,有关资料如下：

(1) 2022年1月1日购入某公司债券,共支付价款1 000万元(不考虑2021年债券利息的影响),另支付交易费用5万元,取得的增值税专用发票上注明的增值税税额为0.3万元。该债券面值为1 000万元,于2021年1月1日发行,4年期,票面利率为5%,每年1月2日和7月2日付息,到期时归还本金和最后一次利息。

(2) 2022年6月30日,该债券的公允价值为980万元。
(3) 2022年7月2日,收到该债券2022年上半年的利息。
(4) 2022年12月31日,该债券的公允价值为1 010万元。
(5) 2023年1月2日,收到该债券2022年下半年的利息。
(6) 2023年3月31日,乙公司将该债券以1 015万元价格售出,增值税税率为6%,已收到款项。

要求:根据上述资料,分析问答下列小题。

(1) 下列关于购入该项交易性金融资产的表述中,正确的是(　　)。
　　A. 入账价值为1 000万元
　　B. 交易费用5万元和增值税0.3万元计入购买价款中
　　C. 交易费用5万元和增值税0.3万元不计入购买价款中
　　D. 入账价值为1 005万元

(2) 关于公允价值变动的处理,下列选项正确的是(　　)。
　　A. 2022年6月30日,确认借方投资收益20万元
　　B. 2022年6月30日,确认借方公允价值变动损益20万元
　　C. 2022年12月31日,确认贷方投资收益10万元
　　D. 2022年12月31日,确认贷方公允价值变动损益10万元

(3) 该公司转让金融商品应缴纳的增值税税额是(　　)万元。
　　A. 0.85　　　　B. 0　　　　C. -0.85　　　　D. 1.85

(4) 处置该项交易性金融资产时,对损益的影响金额为(　　)万元。
　　A. 10　　　　B. 5　　　　C. 4.15　　　　D. -10

(5) 关于交易性金融资产利息收益的处理,下列表述正确的是(　　)。
　　A. 购入时买价中包含的已到期但尚未领取的利息,应计入投资收益
　　B. 持有期间计提的利息应计入投资收益
　　C. 利息应于实际收到时计入公允价值变动损益
　　D. 购入时买价中包含的已到期但尚未领取的利息,应计入应收利息

## 四、判断能力训练

1. 交易性金融资产应于实际收到现金股利或利息时,冲减投资成本。(　　)

2. 企业购入的股票作为交易性金融资产,发生的初始直接费用应计入初始投资成本。(　　)

3. 现金股利和股票股利都是给投资企业的报酬,因此,投资企业均应确认为投资收益。(　　)

4. 出售交易性金融资产时,确认的投资收益数额一定是实际收到的价款和交易性金融资产账面价值的差额。(　　)

# 专业应用能力训练

## 训练一

**资料** AS 企业系上市公司,按季对外提供中期财务报表,按季计提利息。2022 年有关业务如下:

(1) 1月6日,AS 企业以赚取差价为目的从二级市场购入一批债券作为交易性金融资产,面值总额为 100 万元,利率为 6%,3 年期,每半年付息一次,该债券为 2021 年 1 月 1 日发行。取得时公允价值为 103 万元,含已到付息期但尚未领取的 2021 年下半年的利息 3 万元,另支付交易费用 2 万元(含增值税 0.12 万元),全部款项以银行存款支付。

(2) 1月16日,收到 2018 年下半年的利息 3 万元。

(3) 3月31日,该债券公允价值为 110 万元。

(4) 3月31日,按债券票面利率计算利息。

(5) 6月30日,该债券公允价值为 98 万元。

(6) 6月30日,按债券票面利率计算利息。

(7) 7月16日,收到 2019 年上半年的利息 3 万元。

(8) 8月16日,将该债券全部处置,实际收到价款 120 万元,取得增值税专票注明增值税 0.15 万元。

**要求** 根据以上业务编制有关交易性金融资产的会计分录。

## 训练二

**资料** 2021 年 5 月 10 日,甲公司以 620 万元(含已宣告但尚未领取的现金股利 20 万元)购入乙公司股票 200 万股作为交易性金融资产,另支付手续费 6 万元,增值税 0.36 万元,5 月 30 日,甲公司收到现金股利 20 万元。2021 年 6 月 30 日该股票每股市价为 3.2 元,2021 年 12 月 31 日该股票每股市价为 3.05 元。2022 年 5 月 20 日,乙公司宣告分派现金股利,每股 0.20 元。5 月 21 日,甲公司收到分派的现金股利。至 6 月 30 日,甲公司仍持有该交易性金融资产,期末每股市价为 3.6 元。2022 年 12 月 3 日,甲公司以 630 万元出售该交易性金融资产,支付手续费 6 万元,增值税 0.36 万元。假定甲公司每年 6 月 30 日和 12 月 31 日对外提供财务报告。

**要求**

(1) 编制上述经济业务的会计分录。

(2) 计算该交易性金融资产的累计损益。

## 训练三

**资料**

(1) 江苏环宇公司以每股 10.8 元购入光新股份 50 000 股,并支付交易费 1 684.8 元(其中佣金 1 080.00 元,增值税 64.80 元,印花税 540.00 元),不准备长期持有。

（注：设取得支付佣金的增值税专用发票）

（2）2022 年 6 月 30 日，光新股份每股市价为 12 元。

（3）2022 年 7 月 20 日，光新股份宣告分派现金股利，每股 0.20 元；7 月 21 日，环宇公司收到分派的现金股利。

（4）2022 年 9 月 7 日，环宇公司以每股 12.5 元的价格将 50 000 股光新股份股票全部出售。支付佣金 1 200 元，增值税 72 元。

要求　根据以上资料进行会计处理。

# 任务二　核算债权投资

## 知识认知能力训练

### 一、单项选择能力训练

1. 企业债权投资按期计提利息应当（　　）。
    A. 冲减应收利息　　　　　　　　B. 冲减债权投资的账面价值
    C. 确认为投资收益　　　　　　　D. 冲减当期财务费用
2. 按照企业会计准则规定，取得债权投资所发生的相关费用，其会计处理是（　　）。
    A. 计入债权投资（利息调整）初始确认金额
    B. 直接计入当期损益

C. 计入长期待摊费用
　　D. 计入资本公积
3. 通常所说的债权投资摊余成本是指(　　)。
　　A. 债权投资的票面价值
　　B. 债权投资的成本＋应计利息±利息调整的余额
　　C. 票面价值与债权投资折价之差
　　D. 债权投资的账面价值
4. 企业到期收回债权投资时,"债权投资"账户的账面价值与实际收回投资之间的差额,作为(　　)。
　　A. 长期股权投资　　　　　　　B. 投资收益
　　C. 营业外支出　　　　　　　　D. 其他业务成本
5. 某股份有限公司于2022年4月1日购入面值为1 000万元的3年期债券并划分为债权投资,实际支付的价款为1 100万元,其中包含已到付息期但尚未领取的债券利息50万元,另支付相关税费5万元。该项债券投资的初始入账金额为(　　)万元。
　　A. 1 105　　　　B. 1 100　　　　C. 1 055　　　　D. 1 000

## 二、多项选择能力训练

1. 下列各项中,应作为债权投资取得时初始成本入账的有(　　)。
　　A. 投资时支付的不含应收利息的价款
　　B. 投资时支付的手续费
　　C. 投资时支付的税金
　　D. 投资时支付款项中所含的已到期但尚未发放的利息
2. 下列各项中,会引起债权投资账面价值发生增减变动的有(　　)。
　　A. 计提债权投资减值准备
　　B. 确认分期付息债权投资利息
　　C. 确认到期一次付息债权投资利息
　　D. 采用实际利率法摊销初始确认金额与到期日金额之间的差额

## 三、判断能力训练

1. 企业取得债权投资初始成本不包括相关交易费用。(　　)
2. 债权投资应当按取得时的公允价值和相关交易费用之和作为初始确认金额,支付的价款中包含已宣告发放债券利息的,应单独确认为应收项目。(　　)
3. 债权投资在持有期间应当按照实际利率法确认利息收入,其实际利率应当按照各期期初市场利率计算确定。(　　)

## 专业应用能力训练

### 训练一

**资料** A企业2022年1月1日购入B企业同日发行的4年期债券,每年末付息,到期一次还本,票面年利率6%,债券面值1 000 000元,A企业按1 095 000元的价格购入。实际利率为5%,划分为债权投资。

**要求** 编制有关债权投资核算会计分录。

### 训练二

**资料** A公司于2022年1月1日从证券市场上购入C公司于同日发行的债券,该债券为5年期,票面年利率为8%(单利计息),到期一次归还本金和利息。A公司购入债券的面值为1 000万元,实际支付价款为1 026.22万元,另支付相关费用20万元。A公司购入后将其划分为债权投资。购入债券的市场利率为6%。

**要求** 编制A公司有关的会计分录。

## 任务三 认知企业合并

## 知识认知能力训练

### 单项选择能力训练

1. 下列事项不属于企业合并准则中所界定的企业合并的是(　　)。
   A. A公司通过发行债券自B公司原股东处取得B公司的全部股权,交易事项发生后B公司仍持续经营
   B. A公司支付对价取得B公司的净资产,交易事项发生后B公司失去法人资格
   C. A公司以其资产作为出资投入B公司,取得对B公司的控制权,交易事项发生后B公司仍维持其独立法人资格继续经营
   D. A公司购买B公司30%的股权
2. 下列合并形式中,会形成长期股权投资的是(　　)。
   A. 控股合并　　　　　　　　　B. 吸收合并
   C. 新设合并　　　　　　　　　D. 以上三种形式

# 任务四 核算长期股权投资

## 第一部分：初始计量长期股权投资

### 知识认知能力训练

#### 一、单项选择能力训练

1. A 公司以 2 000 万元取得 B 公司 30% 的股权,取得投资时被投资单位可辨认净资产的公允价值为 6 000 万元。如 A 公司能够对 B 公司施加重大影响,则 A 公司计入长期股权投资的金额为(　　)万元。
   A. 2 000　　　　B. 1 800　　　　C. 6 000　　　　D. 4 000

2. 非同一控制下的企业合并形成的长期股权投资,应以(　　)作为初始投资成本。
   A. 合并成本
   B. 取得被合并方所有者权益账面价值的份额
   C. 取得被合并方所有者权益公允价值的份额
   D. 支付的现金、非现金资产或所承担债务的账面价值或所发行股票的股份面值总额

3. 关于同一控制的企业合并形成的长期股权投资,下列表述不正确的是(　　)。
   A. 合并日合并方所支付的非现金资产的账面价值与其公允价值的差额应计入当期损益
   B. 合并方取得的净资产账面价值与支付的合并对价账面价值的差额,应调整资本公积(资本溢价或股本溢价),资本公积(资本溢价或股本溢价)不足冲减的,调整留存收益
   C. 该项企业合并的直接相关费用应计入当期损益
   D. 合并日被合并方已宣告但尚未发放的现金股利应计入应收股利

4. 甲公司出资 1 000 万元,取得了乙公司 80% 的控股权,假如购买股权时乙公司的账面净资产价值为 1 500 万元,甲、乙公司合并前后同受一方控制。则甲公司确认的长期股权投资成本为(　　)万元。
   A. 1 000　　　　B. 1 500　　　　C. 800　　　　D. 1 200

5. 非同一控制下企业合并中发生的与企业合并直接相关的费用,应当计入企业合并成本。下列费用不属于以上所说的直接相关费用的是(　　)。
   A. 为进行企业合并而支付的审计费用
   B. 为进行企业合并而支付的法律服务费用
   C. 为进行企业合并而发生的咨询费用
   D. 以权益性证券进行企业合并发生的手续费、佣金

6. 甲公司出资 1 000 万元，取得了乙公司 80% 的控股权，假如购买股权时乙公司的账面净资产价值为 1 500 万元，甲、乙公司合并前后不受同一方控制。则甲公司确认的长期股权投资成本为(　　)万元。
   A. 1 000　　　　B. 1 500　　　　C. 800　　　　D. 1 200
7. 非企业合并，且以支付现金取得的长期股权投资，应当按照(　　)作为初始投资成本。
   A. 实际支付的购买价款
   B. 被投资企业所有者权益账面价值的份额
   C. 被投资企业所有者权益公允价值的份额
   D. 被投资企业所有者权益

## 二、多项选择能力训练

1. 企业对其他单位进行长期股权投资，依据对被投资企业产生的影响，可以分为(　　)。
   A. 控制
   B. 共同控制
   C. 重大影响
   D. 无控制，无共同控制，且无重大影响，在活跃市场上没有报价且公允价值不能可靠计量的股权投资
2. 长期股权投资包括(　　)。
   A. 企业持有的能够对被投资单位实施控制的权益性投资，即对子公司的投资
   B. 企业持有的能够与其他合营方一同对被投资单位实施共同控制的权益性投资，即对合营企业的投资
   C. 企业持有的能够对被投资单位施加重大影响的权益性投资，即对联营企业的投资
   D. 企业对被投资单位不具有控制、共同控制或重大影响，在活跃市场上没有报价且公允价值不能可靠计量的权益性投资
3. 在同一控制下的企业合并中，合并方取得的净资产账面价值与支付的合并对价账面价值(或发行股份面值总额)的差额，可能调整(　　)。
   A. 盈余公积　　B. 资本公积　　C. 营业外收入　　D. 未分配利润

# 专业应用能力训练

### 训练一

**资料**　甲公司和乙公司同为 A 集团的子公司，2022 年 6 月 1 日，甲公司以银行存款取得乙公司所有者权益的 80%，同日，乙公司所有者权益在 A 集团公司的账面价值为 1 000 万元。
（1）若甲公司支付银行存款 720 万元。
（2）若甲公司支付银行存款 900 万元。

**要求** 写出相关会计分录。

## 训练二

**资料** A公司发生下列投资业务：
(1) A公司以银行存款1 000万元取得B公司30%的股权，取得投资时被投资单位可辨认净资产的公允价值为3 000万元。
(2) 投资时B公司可辨认净资产的公允价值为3 500万元。

**要求** 编制上述有关业务的会计分录(A、B不属于同一企业控制)。

## 训练三

**资料** 甲公司2022年7月1日与乙公司原投资者A公司签订协议，甲公司以存货换取A公司持有的乙公司股权。2022年9月1日合并日乙公司所有者权益账面价值为800万元，可辨认净资产公允价值为880万元，甲公司取得70%的份额。甲公司投出存货的公允价值为500万元，增值税65万元，账面成本400万元。

**要求** 写出相关会计分录。

## 训练四

甄别相关原始凭证，写出相关会计分录(或填制相关记账凭证)。

**1-1**

# 股权转让协议

转让方：丁山股份有限公司
受让方：江苏环宇有限公司

一、根据《中华人民共和国公司法》第七十二条的规定，并经公司股东会会议决议，股东 丁山股份有限公司 同意将其在 天海有限公司30% 的出资额（即股权，下同）以人民币1 200 000元转让给受让方 江苏环宇有限公司 。

二、依照本协议转让的出资额自 2022 年 6 月 21 日起实施。受让方应支付给转让方的款额按出资额自前述商定转让之日在 天海有限公司30%的股权 的实际价值人民币1 200 000元计算，并以货币形式一次支付给转让方。

三、
四、
五、
六、本协议经双方当事人签名、盖章后生效。

转让方(签字、盖章)：

法定代表人： 陈道平

受让方(签字、盖章)：

法定代表人： 刘军
本协议签订日期：2022年6月21日

1-2

```
中国建设银行
转账支票存根
EF/02 22822636

附加信息 _____
_____

出票日期  2022 年 6 月 21 日
收款人： 丁山股份有限公司
金额：  ￥1 200 000.00
用途：  股权转让款

单位主管         会计
```

1-3

## 资产评估报告书摘要

丁山股份有限公司：

江苏阳林资产评估有限公司接受贵公司委托，以二零二二年六月二十一日为评估基准日，对拟转让的海天有限公司 30% 的股权进行了评定和估算。评估目的是确定委估股权的现时市场价值。

我们的评估是依据国家关于资产评估的有关规定及其他相关的法律法规，并遵循资产评估的独立性、客观性、科学性、专业性等工作原则和贡献性、替代性、预期性等经济原则进行的。在评估过程中，我们实施了必要的评估程序包括对委估资产、负债等的权属及运营状况进行重点核实和察看，查询及收集有关资料，根据委估资产的实际状况，主要采用重置成本法进行了评估。在评估基准日贵公司持有海天有限公司 30% 股权的账面价值为 100 万元；股权调整后账面价值为 105 万元；股权评估值为 126 万元；股权增值额为 21 万元。评估结论有效期为一年，即二零二二年六月二十一日至二零二三年六月二十日。以上内容摘自资产评估报告书，欲了解本评估项目的全面情况，应认真阅读资产评估报告书全文。

评估机构法定代表人：刘青于

签字注册资产评估师：杨秋平   沈艳

江苏阳林资产评估有限公司

二零二二年六月二十一日

## 第二部分：长期股权投资的后续计量

### 知识认知能力训练

#### 一、单项选择能力训练

1. 按长期股权投资准则规定，下列事项中，投资企业应采用成本法核算的是（　　）。
   A. 投资企业能够对被投资单位实施控制的长期股权投资
   B. 投资企业对被投资单位不具有共同控制或重大影响，并且在活跃市场中没有报价、公允价值不能可靠计量的长期股权投资
   C. 投资企业对被投资单位不具有共同控制或重大影响，并且在活跃市场中有报价、公允价值能够可靠计量的投资
   D. 投资企业对被投资单位具有共同控制的长期股权投资

2. 长期股权投资采用成本法核算，在被投资单位宣告分配现金股利时，投资企业有可能做的会计处理是（　　）。
   A. 借记"应收股利"科目，贷记"投资收益"科目
   B. 借记"应收股利"科目，贷记"长期股权投资"科目
   C. 借记"应收股利"科目，贷记"银行存款"科目
   D. 借记"银行存款"科目，贷记"应收股利"科目

3. 甲公司出资600万元，取得了乙公司60%的控股权，甲公司对该项长期股权投资应采用（　　）核算。
   A. 权益法　　　　　　　　　　　B. 成本法
   C. 市价法　　　　　　　　　　　D. 成本与市价孰低法

4. 在长期股权投资采用权益法核算时，下列各项应当确认投资收益的是（　　）。
   A. 被投资企业实现净利润　　　　B. 被投资企业资本公积转增资本
   C. 收到被投资企业分配的现金股利　D. 收到被投资企业分配的股票股利

5. 长期股权投资采用权益法核算时，长期股权投资的初始投资成本小于投资时应享有被投资单位可辨认净资产公允价值份额的，应按其差额，借记"长期股权投资——成本"账户，贷记账户是（　　）。
   A. "投资收益"　　　　　　　　　B. "资本公积——其他资本公积"
   C. "营业外收入"　　　　　　　　D. "长期股权投资——其他权益变动"

6. 根据《企业会计准则第2号——长期股权投资》的规定，长期股权投资采用权益法核算时，初始投资成本大于应享有被投资单位可辨认资产公允价值份额的，其差额正确的会计处理是（　　）。
   A. 计入投资收益　　　　　　　　B. 冲减资本公积
   C. 计入营业外支出　　　　　　　D. 不调整初始投资成本

7. 长期股权投资采用权益法核算时,在持股比例不变的情况下,被投资单位除净损益以外所有者权益的增加,企业按持股比例计算应享有的份额,借记的科目是(　　)。
　　A. "长期股权投资——股权投资准备"　　B. "资本公积——其他资本公积"
　　C. "长期股权投资——损益调整"　　D. "长期股权投资——其他权益变动"

8. 2022年1月2日,A公司以银行存款600万元对D公司投资,持有D公司股权的50%,具有重大影响。D公司可辨认净资产公允价值总额为1 000万元。2022年3月2日D公司宣告分配2021年现金股利100万元,2022年D公司实现净利润3 000万元。则2022年年末A公司"长期股权投资"的账面余额是(　　)万元。
　　A. 450　　　　B. 2 050　　　　C. 600　　　　D. 550

9. 甲公司2020年1月1日对乙公司进行投资的初始投资成本为165万元,占乙公司资本的30%,乙公司可辨认净资产公允价值为500万元,采用权益法核算。当年乙公司实现净利润150万元,2021年乙公司发生净亏损750万元,2022年乙公司实现净利润300万元。则2022年年末甲公司长期股权投资的账面价值是(　　)万元。
　　A. 75　　　　B. 90　　　　C. 165　　　　D. 0

## 二、多项选择能力训练

1. 下列投资不应作为长期股权投资核算的有(　　)。
　　A. 对子公司的投资
　　B. 对联营企业和合营企业的投资
　　C. 在活跃市场中没有报价、公允价值无法可靠计量的没有控制、共同控制或具有重大影响的权益性投资
　　D. 在活跃市场中有报价、公允价值能可靠计量的没有控制、共同控制或具有重大影响的权益性投资

2. 符合(　　)情况之一的,也应确认为对被投资单位具有重大影响。
　　A. 在被投资单位的董事会或类似的权力机构中派有代表
　　B. 参与被投资单位的政策制定过程
　　C. 向被投资单位派出管理人员
　　D. 依赖投资企业的技术资料

3. 控制一般存在于(　　)。
　　A. 投资企业直接拥有被投资单位50%以上的表决权资本
　　B. 通过与其他投资者的协议,投资企业拥有被投资单位50%以上表决权资本的控制权
　　C. 根据章程或协议,投资企业有权控制被投资单位的财务和经营政策
　　D. 有权任免被投资单位董事会等类似权力机构的多数成员
　　E. 在董事会或类似权力机构会议上有半数以上投票权

4. 下列各项中,投资方不应确认投资收益的事项有(　　)。
　　A. 采用权益法核算长期股权投资,被投资企业实现的净利润
　　B. 采用权益法核算长期股权投资,被投资企业发生资本溢价而增加的资本公积

C. 采用权益法核算长期股权投资,被投资企业宣告分派的现金股利
D. 采用成本法核算长期股权投资,被投资企业宣告分派的属于投资后实现的现金股利

### 三、不定项选择能力训练

1. A 公司对甲公司和乙公司投资的有关业务资料如下:

(1) 2020 年 1 月 2 日,A 公司以银行存款 20 000 万元购入甲公司部分股份,所购股份占甲公司股份总额的 30%,对甲公司具有重大影响,采用权益法进行后续计量。当日甲公司可辨认净资产公允价值总额为 70 000 万元。

2020 年 6 月 30 日,甲公司宣告分配现金股利 100 万元,2020 度甲公司实现净利润为 1 000 万元。

(2) 2020 年 7 月 1 日,A 公司发行 1 000 万股股票,取得乙公司 60% 股份,能够控制乙公司,属于非同一控制下企业合并,采用成本法进行后续计量,该股票面值为每股 1 元,市场发行价格为 5 元,A 公司另向证券承销机构支付股票发行费 10 万元。

2020 年 9 月 16 日,乙公司宣告分配现金股利 50 万元;2020 年度乙公司实现净利润为 200 万元。

(3) 2022 年 1 月 2 日,A 公司以 6 500 万元的价格将持有的乙公司股份全部出售,价款已于当日全部收到,并存入银行,股权转让手续已于当日办理完毕。

要求:根据以上资料,不考虑其他因素,回答下列问题。

(1) 关于 A 公司对甲公司的长期股权投资初始计量的说法中,正确的是(    )。
    A. 初始投资成本与享有甲公司可辨认净资产公允价值份额之间的差额形成资本公积
    B. 初始投资成本与享有甲公司可辨认净资产公允价值份额之间的差额应确认为营业外收入
    C. A 公司应调整增加对甲公司长期股权投资的账面价值 1 000 万元
    D. A 公司应调整减少对甲公司长期股权投资的账面价值 1 000 万元

(2) 下列关于 A 公司对甲公司长期股权投资的 2020 年后续计量的说法中,正确的有(    )。
    A. 甲公司宣告分配现金股利时,A 公司确认投资收益 30 万元
    B. 甲公司宣告分配现金股利时,A 公司应冲减长期股权投资账面价值 30 万元
    C. 甲公司实现净利润时,A 公司应确认投资收益 300 万元
    D. 甲公司实现净利润时,A 公司应增加长期股权投资账面价值 300 万元

(3) 2020 年 7 月 1 日,A 公司取得乙公司长期股权投资的成本为(    )万元。
    A. 1 000    B. 5 000    C. 1 010    D. 5 500

(4) 下列关于 A 公司对乙公司长期股权投资的 2020 年后续计量的说法中,正确的有(    )。
    A. 乙公司实现净利润,A 公司应增加长期股权投资账面价值 120 万元

B. 乙公司实现净利润,A公司应确认投资收益120万元
C. 乙公司宣告发放现金股利,A公司应减少长期股权投资账面价值30万元
D. 乙公司宣告发放现金股利,A公司应确认投资收益30万元

(5) 2022年1月2日,A公司出售对乙公司投资时计入投资收益的金额是( )万元。
A. 1 500　　　　　B. 1 380　　　　　C. 0　　　　　D. 5 500

### 四、判断能力训练

1. 企业在长期股权投资持有期间所取得的现金股利,应全部计入投资收益。( )
2. 在采用成本法核算的情况下,当被投资企业发生亏损时,投资企业不做账务处理;当被投资企业宣告分配现金股利时,投资方应将分得的现金股利确认为投资收益。( )
3. 权益法核算下,被投资单位所有者权益发生变动时,投资企业应该按照持股比例相应地调整长期股权投资的账面价值,并计入投资收益。( )
4. 长期股权投资采用成本法核算的应按被投资单位宣告发放的现金股利或利润中属于本企业的部分,借记"应收股利"科目,贷记"投资收益"科目;属于被投资单位在本企业取得投资前实现净利润的分配额,应该借记"应收股利"科目,贷记"资本公积"科目。( )
5. 投资企业对被投资单位无重大影响时,长期股权投资应当采用成本法核算。( )
6. 长期股权投资采用权益法核算时,被投资单位提取盈余公积,投资企业按持股比例计算的应享有的份额增加盈余公积。( )
7. 权益法核算下,投资企业确认被投资单位发生的净亏损,应当以长期股权投资的账面价值以及其他实质上构成对被投资单位净投资的长期权益减记至零为限。( )

## 专业应用能力训练

### 训练一

**资料**

(1) 2022年1月5日,甲公司以银行存款1 200万元取得对乙公司的长期股权投资,所持有的股份占乙公司有表决权股份的50%,另支付相关税费5万元。甲公司对乙公司实施控制。

(2) 2022年3月10日,乙公司宣告发放2021年度现金股利共200万元。

**要求**　编制相关分录。

### 训练二

**资料**　甲上市公司发生下列长期股权投资业务:

(1) 2021年1月3日,购入乙公司股票580万股,占乙公司有表决权股份的25%,对乙公司的财务和经营决策具有重大影响,甲公司采用权益法对长期股权投资进行核算。每股买入价8元。每股价格中包含已宣布但尚未发放的现金股利0.25元,另外支付相关税费7

万元。款项均以银行存款支付。当日,乙公司所有者权益的账面价值(与其公允价值不存在差异)为 18 000 万元。

(2) 2021 年 3 月 16 日,收到乙公司宣告分派的现金股利。

(3) 2021 年度,乙公司实现净利润 3 000 万元。

(4) 2022 年 2 月 16 日,乙公司宣告分派 2021 年度股利,每股分派现金股利 0.20 元。

(5) 2022 年 3 月 12 日,甲上市公司收到乙公司分派的 2021 年度的现金股利。

(6) 2022 年 11 月 4 日,甲上市公司出售所持有的全部乙公司的股票,共取得价款 5 200 万元(不考虑长期股权投资减值及相关税费)。

**要求** 根据上述资料,逐笔编制甲上市公司长期股权投资的会计分录。

("长期股权投资"科目要求写出明细科目,答案中的金额单位用万元表示)

### 训练三

**资料** M 股份有限公司(以下简称 M 公司)2021 年至 2022 年对 N 股份有限公司(以下简称 N 公司)投资业务的有关资料如下:

(1) 2021 年 1 月 1 日,M 公司以银行存款 8 000 万元购入 N 公司 80% 的股份,另支付相关税费 10 万元。M 公司对 N 公司的财务和经营决策具有控制能力,并准备长期持有该股份。2021 年 1 月 1 日,N 公司的可辨认净资产的公允价值为 9 150 万元。

(2) 2021 年 5 月 1 日,N 公司宣告分派 2020 年度利润 100 万元。

(3) 2021 年 6 月 10 日,M 公司收到 N 公司分派的现金股利。

(4) 2021 年度,N 公司实现净利润 400 万元。

(5) 2022 年 5 月 2 日,N 公司召开股东大会,审议董事会于 2022 年 4 月 1 日提出的 2022 年度利润分配方案。审议通过的利润分配方案为:按净利润的 10% 提取法定盈余公积;不分配现金股利。该利润分配方案于当日对外公布。

(6) 2022 年,N 公司发生净亏损 500 万元。

**要求** 编制 M 公司对 N 公司长期股权投资的会计分录。

# 项目七
# 记录固定资产增减变化、核算固定资产维修损耗

## 任务一 认知固定资产

### 知识认知能力训练

#### 多项选择能力训练

1. 下列项目不能在"固定资产"账户核算的有(　　)。
   A. 购入正在安装的设备
   B. 租赁期为 3 个月的租入设备
   C. 租赁期为 5 年的租入的不需要安装的设备
   D. 符合资本化条件的固定资产的装修费用
2. 下列项目属于固定资产的有(　　)。
   A. 汽车　　　　　B. 办公楼　　　　　C. 电脑　　　　　D. 周转材料

## 任务二 核算固定资产的增加

### 知识认知能力训练

#### 一、单项选择能力训练

1. 企业接受固定资产捐赠时,按接受捐赠资产的价值计入(　　)。
   A. 营业外收入　　　　　　　　　B. 资本公积
   C. 实收资本　　　　　　　　　　D. 其他业务收入
2. 下列说法不正确的是(　　)。
   A. 自行建造的固定资产,按建造该项资产达到预定可使用状态前所发生的必要支

出作为入账价值
- B. 投资者投入的固定资产,按投资方原账面价值作为入账价值
- C. 购置的不需安装的固定资产,按实际支付的买价、运输费、包装费、安装成本、交纳的相关税金等作为入账价值
- D. 改扩建的固定资产,按原固定资产的账面价值,加上由于改建、扩建而使该固定资产达到预定可使用状态前发生的支出,减去改建、扩建过程中发生的变价收入,作为入账价值

3. 对在建工程项目发生的净损失,如为非常损失造成的报废或毁损,应将其净损失计入当期( )。
   A. 营业外支出　　B. 在建工程　　C. 管理费用　　D. 固定资产

4. 企业一次购入多项没有标价的固定资产,各项固定资产的原价应按( )。
   - A. 各项固定资产的重置完全价值确定
   - B. 各项固定资产市场价格的比例进行分配后确定
   - C. 各项同类固定资产的历史成本确定
   - D. 各项同类固定资产的净值确定

5. 采用出包方式建造固定资产时,对于按合同规定预付的工程价款,应借记的会计科目是( )。
   A. 预付账款　　B. 工程物资　　C. 在建工程　　D. 固定资产

6. 某企业自建厂房过程中耗用工程物资的实际成本为500 000元;在建工程人员薪酬228 000元;领用本企业生产经营用材料60 000元,该批材料增值税为7 800元。该厂房完工后,其入账价值为( )元。
   A. 760 000　　B. 788 000　　C. 798 200　　D. 795 800

## 二、多项选择能力训练

1. 下列项目不应计入固定资产价值的有( )。
   - A. 购置固定资产时发生的运杂费
   - B. 为取得生产经营用动产而缴纳的增值税
   - C. 延长了固定资产使用寿命的改良支出
   - D. 对在用固定资产的维修支出

2. 购入的固定资产,其入账价值包括( )。
   A. 买价　　B. 运杂费　　C. 途中保险费　　D. 进口关税

3. 下列税费中,应记入"固定资产"入账价值的税金有( )。
   A. 契税　　B. 耕地占用税　　C. 车辆购置税　　D. 关税

## 三、判断能力训练

1. 企业固定资产一旦入账,其原始价值在一般情况下均不允许调整。( )

2. 甲公司2019年1月以200万元一次购入三项没有单独标价的设备A、B和C。三项设备的公允价值分别为70万元、80万元和90万元。则这三项设备取得时的成本应分别为55万元、65万元和80万元。(　　)

3. 对于购建固定资产发生的利息支出,在交付使用前发生的,应予以资本化,将其计入固定资产的建造成本;在交付使用后发生的,则应作为当期费用处理。(　　)

4. 固定资产的入账价值中应当包括企业为取得固定资产而交纳的契税、耕地占用税、车辆购置税等相关税费。(　　)

5. 在建工程发生单项或单位工程报废或毁损,减去残料价值和过失人或保险公司等赔款后的净损失,计入继续施工的工程成本;如为非常原因造成的报废或毁损,或在建工程项目全部报废或毁损,应将其净损失直接计入当期营业外支出。(　　)

6. 企业"固定资产"账户核算的固定资产,其所有权均属于本企业。(　　)

# 专业应用能力训练

## 训练一

**资料**　某增值税一般纳税企业2022年6月份发生如下有关业务:

(1) 购入一台设备,买价100万元,增值税13万元,运输费3万元,增值税0.27万元,包装费、保险费等5万元,增值税0.3万元。上述设备运达企业,并达到可使用状态。

(2) ① 购入一台需要安装的设备,增值税专用发票注明买价300万元,增值税39万元,运输费10万元,增值税0.9万元,设备运达企业。上述款项以银行存款付讫。

② 对该设备进行安装,安装时企业领用本公司库存材料,价值2万元,该批材料购进时已支付增值税税款0.26万元,另支付安装费1万元,增值税0.09万元,以银行存款付讫。

③ 设备安装完毕,达到预定可使用状态。

**要求**　编制上述业务的会计分录。

## 训练二

**资料**　某企业采用自营方式建造厂房一幢,2022年9月份发生如下有关业务:

(1) 购入为工程准备的各种物资50 000元,支付增值税税额6 500元,以银行存款付讫。

(2) 实际领用工程物资(含增值税)45 200元。

(3) 领用了企业生产用的原材料一批,实际成本为2 000元,增值税税率为13%。

(4) 工程应负担的工程人员薪酬为1 500元。

(5) 领用本企业生产的产品一批,实际成本为60 000元,计税价格为80 000元,增值税税率为13%。

(6) 企业辅助生产车间为工程提供的有关劳务支出为1 600元。

(7) 工程应负担的长期借款利息为300元。

(8) 工程完工,多余工程物资退回原材料仓库。

(9) 厂房达到使用状态,并交付使用。

**要求** 编制上述业务的会计分录。

## 训练三

**资料** 企业接受大华公司投资转入的机器一台,投资方账面原值为 96 000 元,投资协议确定机器价值 80 000 元,大华公司已开具增值税专用发票,增值税税率13%,确认大华公司在本公司注册资本中所享有份额为 68 000 元。

**要求** 编制会计分录。

## 训练四

甄别相关原始凭证,写出相关会计分录(或填制相关记账凭证)。

**1-1**

3200052170　　　　　江苏省增值税专用发票　　　　　No 2456986657888
抵扣联
　　　　　　　　　　　　　　　　　　　　　　　　　开票日期:2022 年 5 月 14 日

| 购货单位 | 名　称:无锡天海股份有限公司<br>纳税人识别号:320600238724<br>地　址、电　话:江苏宜兴天一路30#<br>开户行及账号:建设银行宜兴支行<br>23218876338787 | 密码区 | (略) |
|---|---|---|---|

| 货物或应税劳务名称 | 规格型号 | 单位 | 数量 | 单价 | 金　额 | 税率 | 税　额 |
|---|---|---|---|---|---|---|---|
| 车床 | 6140 | 台 | 5 | 38 000 | 190 000.00 | 13% | 24 700.00 |
| 合计 | | | | | 190 000.00 | | 24 700.00 |

| 价税合计 | 人民币 贰拾壹万肆仟柒佰元整　　　　(小写) ¥214 700.00 |
|---|---|

| 销货单位 | 名　称:常州新立有限公司<br>纳税人识别号:3204117744334356<br>地　址、电　话:常州市钟楼路8号<br>开户行及账号:农行常州分行新区支行<br>3576222087633 | 备注 |  |
|---|---|---|---|

收款人:王明　　　复核人:　　　开票人:李林　　　销货单位:(章)

1-2

3200052170

## 江苏省增值税专用发票
### 发 票 联

No 2456986657888

开票日期：2022 年 5 月 14 日

| 购货单位 | 名　　　称：无锡天海股份有限公司 纳税人识别号：320600238724 地址、电话：江苏宜兴天一路30# 开户行及账号：建设银行宜兴支行　23218876338787 | 密码区 | （略） |
|---|---|---|---|

| 货物或应税劳务名称 | 规格型号 | 单位 | 数　量 | 单价 | 金　额 | 税率 | 税　额 |
|---|---|---|---|---|---|---|---|
| 车床 | 6140 | 台 | 5 | 38 000 | 190 000.00 | 13% | 24 700.00 |
| 合计 |  |  |  |  | 190 000.00 |  | 24 700.00 |

| 价税合计 | 人民币 贰拾壹万肆仟柒佰元整 | （小写）¥214 700.00 |
|---|---|---|

| 销货单位 | 名　　　称：常州新立有限公司 纳税人识别号：3204117744334356 地址、电话：常州市钟楼路8号 开户行及账号：农行常州分行新区支行　3576222087633 | 备注 |  |
|---|---|---|---|

收款人：王明　　　复核人：　　　开票人：李林　　　销货单位：（章）

1-3

## 设备入库单

2022 年 5 月 14 日

供应单位：常州新立有限公司

发票号码　2456986657888

编号：10029

| 设备编号 | 名称 | 规格 | 数　量 | | 实际成本 | | | |
|---|---|---|---|---|---|---|---|---|
| | | | 应收 | 实收 | 单价 | 发票价格 | 运杂费 | 合计 |
| | 车床 | 6140 | 5 | 5 | | | | |
| 备注：需要安装 | | | | | | | | |

收货人：王平　　　　　　　　　　　　　　　　　　交货人：李海峰

2-1

## 设备出库单

2022 年 5 月 14 日

领用单位：生产车间

编号：20043

| 设备编号 | 名称 | 规格 | 数　量 | | 实际成本 | | | |
|---|---|---|---|---|---|---|---|---|
| | | | 应收 | 实收 | | | | |
| | 车床 | 6140 | 5 | 5 | | | | |
| 备注：需要安装 | | | | | | | | |

领用人：陈林　　　　　　　　　　　　　　　　　　设备管理员：王平

2-2

## 江苏省增值税普通发票

No 2398988653

开票日期：2022 年 5 月 20 日

| 购买方 | 名　　称：无锡天海股份有限公司<br>纳税人识别号：320600238742<br>地　址、电话：江苏宜兴天一路30#<br>开户行及账号：建设银行宜兴支行<br>　　　　　　　23218876338787 | 密码区 | 67/＊+3＊0/611＊++0/＋0＊/＊+3+2/9<br>＊11＊+66666＊＊066611＋+66666＊1＊＊+<br>216＊＊＊6000＊261＊2＊4/＊547203994+−<br>42＊64151＊6915361/3＊ |
|---|---|---|---|

| 货物或应税劳务、服务名称 | 规格型号 | 单位 | 数量 | 单价 | 金额 | 税率 | 税额 |
|---|---|---|---|---|---|---|---|
| 安装费 | | | | | 4 854.37 | 3% | 145.63 |
| 合　计 | | | | | ￥4 854.37 | | ￥145.63 |

| 价税合计（大写） | 人民币伍仟元整 | （小写）￥5 000.00 |
|---|---|---|

| 销售方 | 名　　称：无锡小东安装公司<br>纳税人识别号：320600238742532<br>地　址、电话：无锡市建设东30号<br>开户行及账号：建行无锡新区支行<br>　　　　　　　267983041456 | 备注 | （无锡小东安装公司<br>320600238742532<br>发票专用章） |
|---|---|---|---|

收款人：　　　　复核：　　　　开票人：　　　　销售方：（章）

第二联　发票联　购买方记账凭证

---

2-3

中国建设银行
转账支票存根

$\dfrac{EF}{02}$ 2383457

附加信息

出票日期　2022 年 5 月 20 日

收款人：无锡小东安装公司

金额：￥5 000.00

用途：安装费

备注：（账号 23218876338787）

单位主管　　　会计

3-1

1100073140

## 江苏省增值税专用发票

No 60792471

抵扣联（江苏省 国家税务总局监制）

开票日期：2022年12月9日

| 购货单位 | 名　　称：江苏环宇公司<br>纳税人识别号：320303001119928<br>地址、电话：徐州市建国路180号<br>开户银行及账号：中行徐州分行740108320311 | 密码区 | +*81/27>13<18473-4<br><5>+-> **7<-8 +*-><br>74>1472306>18373/ ++<br>522*<88901-2 +/ <3*<br>>>0<91*100>>41 | 加密版本：01<br>1100073140<br>60792471 |
|---|---|---|---|---|

| 货物或应税劳务名称 | 规格型号 | 单位 | 数量 | 单价 | 金额 | 税率 | 税额 |
|---|---|---|---|---|---|---|---|
| 铣床 |  | 台 | 1 | 384 000 | 384 000 | 13% | 49 920.00 |
| 合计 |  |  |  |  | ¥ 384 000 |  | ¥ 49 920.00 |

价税合计（大写）　肆拾叁万叁仟玖佰贰拾元整　　（小写）¥ 433 920.00

| 销货单位 | 名　　称：北京长城机械厂<br>纳税人识别号：110104453612588<br>地址、电话：北京市中华路188号 78956238<br>开户银行及账号：工行中华分行 545620458-47 | 备注 | （北京长城机械厂 发票专用章 税号：110104453612588） |
|---|---|---|---|

收款人：×××　　复核：×××　　开票人：庄明　　销货单位：(章)

第二联 抵扣联

---

3-2

1100073140

## 江苏省增值税专用发票

No 60792471

发票联（江苏省 国家税务总局监制）

开票日期：2022年12月9日

| 购货单位 | 名　　称：江苏环宇公司<br>纳税人识别号：320303001119928<br>地址、电话：徐州市建国路180号<br>开户银行及账号：中行徐州分行740108320311 | 密码区 | +*81/27>13<18473-4<br><5>+-> **7<-8 +*-><br>74>1472306>18373/ ++<br>522*<88901-2 +/ <3*<br>>>0<91*100>>41 | 加密版本：01<br>1100073140<br>60792471 |
|---|---|---|---|---|

| 货物或应税劳务名称 | 规格型号 | 单位 | 数量 | 单价 | 金额 | 税率 | 税额 |
|---|---|---|---|---|---|---|---|
| 铣床 |  | 台 | 1 | 384 000 | 384 000 | 13% | 49 920.00 |
| 合计 |  |  |  |  | ¥ 384 000 |  | ¥ 49 920.00 |

价税合计（大写）　肆拾叁万叁仟玖佰贰拾元整　　（小写）¥ 433 920.00

| 销货单位 | 名　　称：北京长城机械厂<br>纳税人识别号：110104453612588<br>地址、电话：北京市中华路188号 78956238<br>开户银行及账号：工行中华分行 545620458-47 | 备注 | （北京长城机械厂 发票专用章 税号：110104453612588） |
|---|---|---|---|

收款人：×××　　复核：×××　　开票人：庄明　　销货单位：(章)

第三联 发票联 购货方记账凭证

## 3-3

### 江苏环宇公司固定资产卡片

使用单位：机一分厂　　　　2022年12月9日　　　　　　　　　　　编号：0105

| 名称 | 铣床 | 原始价值/元 | 384 000 | 备注 |
|---|---|---|---|---|
| 单位 | 台 | 使用年限（工作量） | 10 | 生产用 |
| 数量 | 1 | 折旧方法 | 平均年限法 | |
| | | 预计残值/元 | 22 464 | |

## 任务三　核算固定资产折旧

### 知识认知能力训练

#### 一、单项选择能力训练

1. 下列固定资产，应计提折旧的是（　　）。
   A. 未提足折旧提前报废的固定资产
   B. 经营性租入的固定资产
   C. 已提足折旧继续使用的固定资产
   D. 闲置不用的固定资产

2. 企业的下列固定资产，按规定不应计提折旧的是（　　）。
   A. 短期租入的设备　　　　　　　B. 长期租入的设备
   C. 短期租出的房屋　　　　　　　D. 未使用的设备

3. 第一年计算固定资产应计提折旧时，不考虑净残值的方法是（　　）。
   A. 年限平均法　　　　　　　　　B. 双倍余额递减法
   C. 年数总和法　　　　　　　　　D. 工作量法

4. 某设备的账面原价为800万元，预计使用年限为5年，预计净残值为20万元，采用双倍余额递减法计提折旧，该设备在第2年应计提的折旧额为（　　）万元。
   A. 195.2　　　　B. 192　　　　C. 187.2　　　　D. 124.3

5. 某设备的账面原价为80 000元，预计使用年限为5年，预计净残值为5 000元，按年数总和法计提折旧。该设备在第3年应计提的折旧额为（　　）元。
   A. 15 000　　　　B. 30 000　　　　C. 10 000　　　　D. 5 000

6. 某企业2022年6月28日自行建造的一条生产线投入使用，该生产线建造成本370万元，预计使用年限为5年，预计净残值为10万元。在采用年数总和法计提折旧的情况下，2022年该生产线应计提的折旧额为（　　）万元。
   A. 120　　　　B. 70　　　　C. 60　　　　D. 74

7. 某公司有运输车一辆，采用工作量法计提折旧。原值为200 000元，预计使用10年，每年行驶里程60 000公里,净残值率为5%。当月行驶里程4 000公里,该运输车的当月折旧额为(　　)元。

  A. 1 266.67　　　　B. 12 666.67　　　　C. 1 333.33　　　　D. 3 000

 8. 某企业2022年10月2日购入一台不需要安装的设备,支付的价款为200 000元,设备已达到预定可使用状态,2022年11月正式投入使用。则该固定资产开始折旧的时间是(　　)。

  A. 2022年12月　　　　　　　　B. 2022年10月
  C. 2022年11月　　　　　　　　D. 2023年1月

 9. 计提固定资产折旧时,可以先不考虑固定资产残值的方法是(　　)。

  A. 年限平均法　　　　　　　　B. 工作量法
  C. 双倍余额递减法　　　　　　D. 年数总和法

 10. 企业计算10月份固定资产应计提折旧额时,不需要的数据是(　　)。

  A. 9月份固定资产计提的折旧额
  B. 9月份增加固定资产应计提的折旧额
  C. 10月份增加固定资产应计提的折旧额
  D. 9月份减少固定资产应计提的折旧额

## 二、多项选择能力训练

 1. 下列各项中,影响固定资产折旧的因素有(　　)。

  A. 预计净残值　　　　　　　　B. 原价
  C. 已计提的减值准备　　　　　D. 使用寿命

 2. 下列固定资产,当月不计提折旧的有(　　)。

  A. 土地　　　　　　　　　　　B. 当月增加的固定资产
  C. 当月报废的固定资产　　　　D. 当月更新改造停用的固定资产

 3. 下列固定资产,应计提折旧的有(　　)。

  A. 季节性停用的机器设备
  B. 大修理停用的机械设备
  C. 未使用的机器设备
  D. 按规定单独估价作为固定资产入账的土地

 4. 双倍余额递减法和年数总和法的共同点有(　　)。

  A. 属于加速折旧法　　　　　　B. 每期折旧率固定
  C. 前期折旧额高,后期折旧额低　　D. 不考虑净残值

## 三、判断能力训练

 1. 企业对于未满使用年限而因自然灾害或意外事故所造成的非正常报废的固定资产,应补提折旧。(　　)

2. 企业在计提固定资产折旧时，月份内增加的固定资产，当月计提折旧，月份内减少的固定资产，当月不提折旧。（  ）

3. 长期租入的固定资产，因所有权不属于本企业，因此不应计提折旧。（  ）

4. 企业未使用的固定资产均不得计提折旧。（  ）

5. 所建造的固定资产已达到预定可使用状态，但尚未办理竣工决算的，先按估计价值转入固定资产，并按有关规定计提固定资产的折旧，等办理了竣工决算手续后，再对已提折旧做调整。（  ）

6. 企业租入的固定资产都不应计提折旧，租出的固定资产都应计提折旧。（  ）

## 专业应用能力训练

### 训练一

**资料** 某台设备原值 120 000 元，预计使用 8 年，预计残值收入 7 000 元，清理费用 1 000 元。

**要求**

(1) 采用"平均年限法"计算各年应提的折旧额。

(2) 采用"双倍余额递减法"计算各年应提的折旧额。

(3) 采用"年数总和法"计算各年应提的折旧额。

### 训练二

**资料** 企业一辆汽车，原值 360 000 元，预计行驶总里程 30 万公里，预计净残值率 3%，2022 年 5 月行驶 5 000 公里。

**要求** 计算 2022 年 5 月汽车折旧额。

### 训练三

**资料** 某企业 2022 年 3 月购进一台设备，价格 55 000 元，增值税税率 13%，安装费 5 000 元，预计使用 5 年。

**要求**

(1) 计算该设备原值。

(2) 预计该设备净残值 600 元，按直线法、双倍余额递减法、年数总和法分别计算 2022 年和 2023 年该设备应计提折旧额。

### 训练四

**资料** 乙公司 2022 年 6 月份固定资产计提折旧情况如下：生产车间 20 000 元，管理部门 6 000 元，专设销售机构 3 000 元，短期租出固定资产 2 000 元。

**要求** 编制计提折旧的会计分录。

## 训练五

**资料** 甲公司2022年3月份车间用固定资产计提折旧额为9.8万元,行政部门用固定资产计提折旧额为1.7万元。该月固定资产增减业务如下：

（1）购买一台设备供一车间使用,采用工作量法计提折旧。该设备原价60万元,预计总工作时数为20万小时,预计净残值为5万元。该设备2022年4月份工作量为4 000小时。

（2）厂部新办公楼交付使用,采用年限平均法计提折旧。该办公楼原价620万元,预计使用年限20年,预计净残值20万元。

（3）公司总部的一辆轿车使用期满予以报废。该轿车原价37万元,预计使用年限6年,净残值1万元,采用年限平均法计提折旧。

假定2022年4月份未发生固定资产增减业务。

**要求**

（1）分别计算甲公司2022年4月份车间及行政部门固定资产应计提折旧额。

（2）编制甲公司2022年4月份计提折旧的会计分录。

## 训练六

甄别相关原始凭证,写出相关会计分录（或填制相关记账凭证）。

**固定资产折旧计算表**
2022年3月31日

| 部门 | 房屋 | | | | 机器设备 | | | |
|---|---|---|---|---|---|---|---|---|
| | 原价 | 净残值率 | 月折旧率 | 月折旧额 | 原价 | 净残值率 | 月折旧率 | 月折旧额 |
| 生产车间 | 325 000 | 4% | 0.4% | 1 300 | 14 604 143 | 5% | 0.791 7% | 12 700 |
| 厂部管理部门 | 150 000 | 4% | 0.4% | 600 | 682 076.5 | 5% | 0.791 7% | 5 400 |

制单 王小月　　　　　　　　　　复核人 李明

# 拓展阅读与训练

## （一）熊猫商场投资决策业务

**案例资料**

熊猫商场股份有限公司欲涉足制造业,拟购并一家工厂,作为自己的加工基地。经多方考察,将目光锁定在两家工厂,一个是红光加工厂,另一个是富源加工厂。两家工厂均从事综合加工业务,均为2011年年初正式投产的企业,资产总额均为500 000元,最大资产均为房屋及设备,房屋成本均为350 000元,预计使用年限为50年,机器设备成本为120 000元,预计使用年限为6年,均不计残值。

红光厂采用直线法计提折旧,富源厂则采用年数总和法计提折旧。其余的会计政策均无大的差别。两厂除正常应付账款外,无其他负债。两厂过去三年净收益如下表所示:

| 项目 | 2011年 | 2012年 | 2013年 | 合计 |
| --- | --- | --- | --- | --- |
| 红光厂净利润 | 119 000 | 138 600 | 155 700 | 413 300 |
| 富源厂净利润 | 126 800 | 133 500 | 186 200 | 446 500 |

案例思考

熊猫商场股份有限公司董事会欲从中选购一家,作为该公司的会计人员,如何参与决策并提出自己的见解。

### (二)折旧决定利润——来自高速公路和航空业的两个例子

案例资料

江西赣粤高速公路股份有限公司从事交通基础设施建设和经营管理行业。2001年公司主营业务是昌九高速公路、昌樟高速公路和银三角互通立交等交通基础设施的建设、维护、经营、收费和管理。对公路的折旧根据交通部有关规定及公路特点按总工作量(即车流量法)计算,即按特定年度实际车流量与经营期间的预估总车流量的比例计算年度折旧总额。当实际车流量与预估总车流量产生重大差异时,本公司及子公司将重新预估总车流量并计提折旧。累计折旧额于经营期满后相等于高速公路和构筑物及与之相关联的经营权之总成本值。

根据测算,该公司2001年对公路的折旧按照工作量法计提,如果按照平均年限法计提,将比实际计提的折旧高出9 000万元,而当年该公司的净利润为17 000万元。不同的折旧方法使利润迥异。

| 项目 | 原值/元 | 年限/年 | 折旧方法 | 2001年计提折旧/元 | 年折旧率(2001年) |
| --- | --- | --- | --- | --- | --- |
| 公路 | 3 383 043 581 | 30 | 工作量法 | 27 948 324 | 0.8% |
| | | 30 | 平均年限法 | 112 768 119 | 3.3% |
| | | | 差额 | 84 819 795 | |

资料来源:公司报告及测算。

上海航空股份有限公司主要从事国内、国际和地区航空客、货、邮运输及代理,目前共拥有25架飞机,已开通136条营运航线,通达国内48个大中城市和5个国际城市。该公司2002年9月公开招股上市,《招股说明书》的特别风险提示栏揭示了从折旧政策改变中生出的利润。

"本公司1999年、2000年、2001年及2002年1—6月份利润总额分别为4 927万元、7 501万元、16 628万元和6 657万元,2000年利润总额比1999年增加2 574万元,2001年利润总额比2000年增加9 127万元。主要原因在于:本公司融资租赁的飞机及发动机,原按15年计提折旧,根据财政部批准文件,从2000年10月份起改按18年计提,因折旧年限的变更而调增2000年度利润总额1531万元,调增2001年度利润总额6341万元,调增2002年1—6月利润总额4267万元;本公司高价周转件原按5年平均摊销,从2001年起改按6年平均摊销,因摊销年限的变更而调增2001年度利润总额1025万元,调增2002年1—6月利润总额为574万元。因此,2000年和2001年因飞机和发动机折旧或摊销政策变化增加的利润占两年利润增加额的比例分别达到59.48%和80.71%;2002年1—6月因飞机和发动机折旧或摊销政策变化增加的利润占2002年1—6月利润总额的比例为72.72%。"

了解我国相关法律法规对折旧政策的规定。

## 任务四　核算固定资产后续支出

### 知识认知能力训练

#### 一、单项选择能力训练

1. 下列各项所发生的固定资产后续支出中,不能资本化的支出是(　　)。
   A. 固定资产生产的产品质量提高
   B. 固定资产的生产能力增大
   C. 恢复或保持固定资产的原有性能标准,以确保未来经济效益的实现
   D. 固定资产的估计使用年限延长

2. 甲企业对某一项生产设备进行改良,该生产设备原价为1 000万元,已提折旧500万元,改良中发生各项支出共计100万元。改良时被替换部分的账面价值为20万元。则该项固定资产的入账价值为(　　)万元。
   A. 1 000　　　　B. 1 100　　　　C. 580　　　　D. 600

3. 2022年3月31日,甲公司采用出包方式对一机床进行改良,该机床原值为3 600万元,预计使用5年,已使用3年,预计净残值为0,采用直线法计提折旧。甲公司支付出包工程款96万元。2022年8月31日,改良工程达到预定可使用状态并投入使用,改良后预计尚可使用4年,预计净残值为0,以直线法计提折旧。当年应计提的折旧为(　　)万元。
   A. 128　　　　B. 180　　　　C. 308　　　　D. 384

## 二、多项选择能力训练

1. 固定资产的后续支出，可能记入的会计科目有（    ）。
   A. "在建工程"    B. "制造费用"    C. "管理费用"    D. "销售费用"
2. 下列有关固定资产后续支出的会计处理，说法正确的有（    ）。
   A. 企业生产车间发生的固定资产修理费用等后续支出，不符合固定资产确认条件的，应当在发生时计入当期的制造费用
   B. 企业行政管理部门发生的固定资产修理费用等后续支出，不符合固定资产确认条件的，应当在发生时计入当期的管理费用
   C. 企业发生的与专设销售机构相关的固定资产修理费用等后续支出，不符合固定资产确认条件的，应当在发生时计入当期的销售费用
   D. 企业对外经营性出租固定资产发生的修理费用等后续支出，不符合固定资产确认条件的，应当在发生时计入当期的其他业务成本
3. 不满足固定资产确认条件的固定资产日常维护支出，可能计入的会计科目有（    ）。
   A. "长期待摊费用"    B. "管理费用"
   C. "制造费用"    D. "销售费用"

## 三、判断能力训练

1. 一切为固定资产发生的后续支出均应计入固定资产的成本。（    ）
2. 企业将发生的固定资产后续支出计入固定资产成本的，应当终止确认被替换部分的价值。（    ）
3. 固定资产的日常修理支出不增加固定资产价值；固定资产的改扩建支出，都应当增加固定资产价值。（    ）

# 专业应用能力训练

### 训练一

**资料**

（1）某公司于2020年3月5日建造完成一条流水生产线，原值3 000万元，日产100吨产品。投产后，采用直线法计提折旧，预计使用年限8年，预计净残值120万元。

（2）2021年10月发生修理费用20万元，以银行存款支付。

（3）2021年12月，由于市场行情很好，公司经理会决定扩大生产规模，对该生产线进行改造扩建，使日产能力达到150吨。该扩建工程由原施工单位承接，当月开工。

（4）2022年10月，该生产线达到预定可使用状态，以银行存款支付工程成本480万

元,另工程领用本企业库存材料成本30万元。

（5）公司对改扩建后的固定资产采用年数总和法计提折旧,预计尚可使用年限为6年,预计净残值为120万元。

**要求** （1）编制该生产线修理及改扩建业务的会计分录。

（2）计算改扩建后的固定资产2022年应计提的折旧额。

## 训练二

**资料** 某公司对车间用房进行扩建,该厂房的原值为450 000元,累计折旧为200 000元,已计提减值准备50 000元;以银行存款支付扩建工程款80 000元,扩建过程中领用库存材料,材料成本40 000元,其购进时已支付增值税5 200元,扩建中拆除部分的材料变价收入为2 000元;3个月后,厂房扩建工程完工。

**要求** 编制该厂房扩建业务的会计分录。

## 训练三

甄别相关原始凭证,写出相关会计分录(或填制相关记账凭证)。

**1-1**

3200052170　　　　　　　　江苏省增值税专用发票　　　　No 2456346657862

抵扣联　　　　　　　　　　开票日期：2022年12月9日

| 购货单位 | 名　称：江苏环宇公司<br>纳税人识别号：320303001119928<br>地　址、电　话：徐州市建国路180号<br>开户银行及账号：中行徐州分行740108320311 | 密码区 | （略） |

| 货物或应税劳务名称 | 规格型号 | 单位 | 数　量 | 单价 | 金　额 | 税率 | 税　额 |
|---|---|---|---|---|---|---|---|
| 机器设备维修费 | | 台 | 20 | 2 000 | 40 000.00 | 13% | 5 200.00 |
| 合计 | | | | | 40 000.00 | | 5 200.00 |

| 价税合计（大写） | 人民币肆万伍仟贰佰元整 | （小写）¥45 200.00 |

| 销货单位 | 名　称：常州人和维修公司<br>纳税人识别号：320411774434356<br>地　址、电　话：常州市人民路8号<br>开户行及账号：农行常州分行新区支行<br>3576222099887 | 备注 | 常州人和维修公司<br>发票专用章 |

收款人：王明　　　复核人：陈开　　　开票人：李林　　　销货单位：（章）

1-2

| 3200052170 | 江苏省增值税专用发票 | | | | | No 2456346657862 | |
| --- | --- | --- | --- | --- | --- | --- | --- |
| | 发票联 | | | | | 开票日期：2022 年 12 月 9 日 | |

| 购货单位 | 名　　　称 | 江苏环宇公司 | 密码区 | （略） |
| --- | --- | --- | --- | --- |
| | 纳税人识别号 | 320303001119928 | | |
| | 地　址、电　话 | 徐州市建国路180号 | | |
| | 开户银行及账号 | 中行徐州分行 740108320311 | | |

| 货物或应税劳务名称 | 规格型号 | 单位 | 数量 | 单价 | 金额 | 税率 | 税额 |
| --- | --- | --- | --- | --- | --- | --- | --- |
| 机器设备维修费 | | 台 | 20 | 2 000 | 40 000.00 | 13% | 5 200.00 |
| 合计 | | | | | 40 000.00 | | 5 200.00 |

| 价税合计（大写） | 人民币 肆万伍仟贰佰元整 | （小写）¥45 200.00 | |
| --- | --- | --- | --- |

| 销货单位 | 名　　　称 | 常州人和维修公司 | 备注 | （发票专用章） |
| --- | --- | --- | --- | --- |
| | 纳税人识别号 | 3204117744334356 | | |
| | 地　址、电　话 | 常州市人民路8号 | | |
| | 开户行及账号 | 农行常州分行新区支行 3576222099887 | | |

收款人：王明　　复核人：陈开　　开票人：李林　　销货单位：（章）

第三联 发票联 购货方作购货凭证入账

1-3

**中国银行**
**转账支票存根**

EF/02 22822630

附加信息

出票日期　2022 年 12 月 9 日

收款人：常州人和维修公司

金额：¥45 200.00

用途：修理费

备注：账号　740108320311

单位主管　　　　会计

## 任务五　核算固定资产的减少

### 知识认知能力训练

#### 一、单项选择能力训练

1. 下列项目中,不属于"固定资产清理"账户核算内容的是(　　)。
   A. 固定资产报废　　　　　　　　B. 固定资产处置
   C. 固定资产盘盈　　　　　　　　D. 固定资产毁损
2. 固定资产处置结束后,应将处置净损失转入(　　)科目。
   A. 管理费用　　　　　　　　　　B. 制造费用
   C. 资产处置损益　　　　　　　　D. 营业外收入
3. 企业进行财产清查时盘亏设备一台,其账面原值25 000元,已提取折旧18 000元,则应记入"待处理财产损溢"科目的金额是(　　)元。
   A. 7 000　　　　B. 12 000　　　　C. 25 000　　　　D. 30 000
4. 某企业出售一台设备(不考虑相关税费),原价200 000元,已提折旧80 000元,出售设备时发生各种清理费用10 000元,出售设备所得价款110 000元。该设备出售净收益为(　　)元。
   A. -2 000　　　B. 2 000　　　　C. 20 000　　　　D. -20 000
5. 某公司因火灾毁损了一批设备,其账面原值为100 000元,已提折旧60 000元,支付清理费8 000元,保险公司赔款20 000元,设备残值变价收入10 000元(不考虑增值税)。计入"营业外支出"科目的数额为(　　)元。
   A. 58 000　　　B. 18 000　　　　C. 28 000　　　　D. 64 000

#### 二、多项选择能力训练

1. 下列业务中,通过"固定资产清理"科目核算的有(　　)。
   A. 固定资产出售　　　　　　　　B. 固定资产报废
   C. 固定资产损毁　　　　　　　　D. 固定资产对外投资
2. "固定资产清理"科目贷方登记的项目有(　　)。
   A. 出售固定资产的价款　　　　　B. 变价收入
   C. 残料价值　　　　　　　　　　D. 应由保险公司或过失人赔偿的损失

3. 企业结转固定资产清理净损益时,可能涉及的会计科目有(　　)。
   A. "管理费用"　　　　　　　　　　B. "营业外收入"
   C. "营业外支出"　　　　　　　　　D. "资产处置损益"
4. "固定资产清理"账户的借方登记的项目是(　　)。
   A. 出售残料变价收入　　　　　　　B. 出售固定资产的净值
   C. 结转处置净收益　　　　　　　　D. 结转处置净损失

### 三、不定项选择能力训练

某企业2021年5月初,固定资产账面余额3 500万元,累计折旧1 200万元,未发生减值准备。2021年至2022年该企业发生的有关固定资产业务如下:

(1) 2021年6月22日,购入一台不需要安装的生产用M设备,增值税专用发票上注明的价款为120万元,增值税税额为15.6万元。发生保险费用2万元,增值税税额为0.12万元,款项均以银行存款支付,预计该设备可使用10年,预计净残值为2万元,采用直线法计提折旧。

(2) 2021年7月1日,该企业准备自建一栋库房。7月5日,购入工程物资取得增值税专用发票上注明的价款为200万元,增值税税额为26万元,款项以银行存款支付,该批物资于当日全部用于工程建筑。7月15日,领用本企业生产的钢材一批,市场售价为60万元,实际成本为30万元,相关进项税额为3.9万元。10月31日,确认7月至10月累计支付的工程人员薪酬40万元(此前薪酬已经发放)。

(3) 2021年10月31日,自建库房工程完工达到预定可使用状态,预计该库房可以使用50年,预计净残值为0。

(4) 2022年3月25日,M设备因雷击后意外毁损,以银行存款支付不含税清理费用1万元,应收保险公司赔款50万元。至本月末M设备已清理完毕。

要求:根据上述资料,假定该企业取得的增值税专用发票已经税务机关认证,不考虑其他因素,分析回答下列小题。

(1) 根据资料(1),该企业购入M设备的入账价值是(　　)万元。
    A. 135.6　　　　B. 120　　　　C. 122　　　　D. 137.72

(2) 根据期初资料和资料(1),下列各项中,关于设备计提折旧的会计处理表述正确的是(　　)。
    A. M设备计提的折旧费计入制造费用
    B. 2021年M设备计提折旧额为6万元
    C. M设备年折旧率为9.84%
    D. 2021年7月M设备开始计提折旧

(3) 根据资料(2),下列各项中,关于企业自行建造库房会计处理正确的是(　　)。
    A. 10月31日,确认累计支付的工程人员薪酬时:
       借:在建工程　　　　　　　　　　　　　　　　　　400 000
         贷:应付职工薪酬　　　　　　　　　　　　　　　　　　400 000

B. 7月5日,购入工程物资时:
    借:工程物资                                          2 000 000
      应交税费——应交增值税(进项税额)                      260 000
      贷:银行存款                                        2 260 000
C. 7月5日,购入工程物资时:
    借:工程物资                                          2 000 000
      应交税费——待抵扣进项税额                            260 000
      贷:银行存款                                        2 260 000
D. 7月15日,领用本企业生产的钢材时:
    借:在建工程                                            300 000
      贷:库存商品                                          300 000

(4) 根据期初资料及资料(1)和(4),下列各项中,关于该企业 M 设备毁损的会计处理结果正确的是(　　)。
    A. 转入固定资产清理的 M 设备账面价值为 113 万元
    B. 按支付的清理费,借记"固定资产清理"科目 1 万元
    C. 毁损的 M 设备导致企业营业外支出增加 60 万元
    D. 按应收保险公司的赔偿款,借记"其他应收款"科目 50 万元

(5) 根据期初资料和资料(1)—(4),2022 年 3 月 31 日该企业"固定资产"科目余额是(　　)万元。
    A. 3 890    B. 3 600    C. 3 500    D. 3 770

### 四、判断能力训练

1. 企业生产经营期间发生的固定资产出售、报废、毁损形成的净损失,应该直接计入当期损益,通过"管理费用"核算。(　　)
2. 企业出售固定资产应交的增值税,应列入利润表的"税金及附加"项目。(　　)

## 专业应用能力训练

### 训练一

**资料**　江苏环宇公司 2022 年 6 月发生如下经济业务:
(1) 6 月 3 日,准备出售一座建筑物,原价为 2 000 000 元,累计折旧为 800 000 元,将该固定资产转入清理。
(2) 6 月 6 日,支付清理费用 2 000 元。
(3) 6 月 15 日,将建筑物出售给江苏贸通公司,出售价格为 1 600 000 元(含税),按简易征收率 3% 计算,款项收到。
(4) 6 月 30 日,结转处置利得或损失。

要求　编制上述有关业务的会计分录。

### 训练二

**资料**　某企业2022年7月因意外事故报废汽车一部,该汽车账面原值120 000元,已提折旧50 000元,应由保险公司赔偿40 000元,以现金支付清理费用500元,残料变价收入10 000元(含税,增值税13%)已存入银行。

**要求**　根据上述资料,编制与该企业固定资产报废有关的会计分录。

### 训练三

甲公司(增值税一般纳税人),2022年10月发生下列与固定资产相关的业务:

(1) 8日,以银行转账方式购入需安装的生产用机器设备一台,取得增值税专用发票注明的价款为3 000万元,增值税税额为390万元;支付运费取得运费增值税专用发票注明的运费为100万元,增值税税额为9万元;支付保险费10万元,增值税0.6万元。

(2) 安装过程中发生安装费60万元,领用本企业原材料,成本为100万元;领用本企业一批产品,成本为180万元,该批产品的市场售价为200万元,发生安装人员薪酬50万元。

(3) 2022年12月1日,该机器设备达到预定可使用状态。甲公司预计该机器设备的使用年限为5年,预计净残值为175万元,采用年限平均法计提折旧。

(4) 2023年12月31日,该机器设备预计未来现金流量的现值为2 800万元,公允价值减处置费用的净额为2 780万元。甲公司对该设备的预计使用年限、预计净残值及折旧方法保持不变。

(5) 2024年12月31日,该机器设备预计未来现金流量现值为2 550万元,公允价值减去处置费用后的净额为2 580万元。

**要求**　根据以上资料,不考虑其他因素,写出相关会计分录.

### 训练四

**资料**　某企业2022年8月发生如下经济业务:

(1) 因自然灾害损毁房屋一幢,原价800 000元,已提折旧300 000元,发生清理费用18 000元,取得保险公司赔偿250 000元。

(2) 企业出售未使用的设备一台,原价120 000元,已提折旧15 000元,双方协商按75 000元计价,增值税9 750元。该设备系2018年1月购入并投放使用。

**要求**　编制上述有关业务的会计分录。

### 训练四

甄别相关原始凭证,写出相关会计分录(或填制相关记账凭证)。

## 1-1

### 固定资产出售单

出售单位：常州红河有限公司
购买单位：常州天力有限公司　　　2022年3月28日　　　金额单位：元

| 出售原因及依据 | 不需用 | | | 公允价值 | | | 100 000 | |
|---|---|---|---|---|---|---|---|---|
| 固定资产名称 | 规格及型号 | 单位 | 数量 | 预计使用年数 | 已使用年数 | 原值 | 已提折旧 | 净值 |
| 机床 | | 台 | 1 | 10 | 2 | 100 000 | 20 000 | 80 000 |
| 出售单位 签章： 财务：李明 经办： | | | （公章） | 购买单位 签章： 财务：于平 经办： | | | （公章） | |

## 1-2

3200052170

### 江苏省增值税专用发票
### 记账联

No 0399814934

开票日期：2022年3月28日

| 购货单位 | 名　称：常州天力有限公司 纳税人识别号：23008700243 地址、电话：江苏常州 开户银行及账号：建行常州分行湖塘分理处 23870000234 | 密码区 | （略） | | |
|---|---|---|---|---|---|
| 货物或应税劳务名称 | 规格型号 | 单位 | 数量 | 单价 | 金　额 | 税率 | 税　额 |

| 货物或应税劳务名称 | 规格型号 | 单位 | 数量 | 单价 | 金额 | 税率 | 税额 |
|---|---|---|---|---|---|---|---|
| 机床 | | 台 | 1 | | 100 000.00 | 13% | 13 000.00 |
| 合计 | | | | | 100 000.00 | | 13 000.00 |
| 价税合计（大写） | 人民币壹拾壹万叁仟元整 | | | | （小写）¥113 000.00 | | |

销货单位：
名　称：常州红河有限公司
纳税人识别号：3024722000
地址、电话：江苏常州南阳路290号
开户银行及账号：建行常州分行兰陵分理处
2300045678999

备注：（公章）

收款人：王晓　　复核人：李明　　开票人：陈红　　销货单位：（章）

第一联　记账联　销货方记账凭证

1-3

## 中国建设银行　进　账　单(收账通知)

2022 年 3 月 28 日

| 出票人 | 全　称 | 常州天力有限公司 | 收款人 | 全　称 | 常州红河有限公司 |
|---|---|---|---|---|---|
| | 账　号 | 2300675885053 | | 账　号 | 2300045678999 |
| | 开户银行 | 工行常州分行新区分理处 | | 开户银行 | 建行常州分行兰陵分理处 |

| 金额 | 人民币（大写） | 壹拾壹万叁仟元整 | 亿 千 百 十 万 千 百 十 元 角 分 |
|---|---|---|---|
| | | | ￥ 1 1 3 0 0 0 0 0 |

| 票据种类 | 转账支票 | 票据张数 | 1 张 |
|---|---|---|---|
| 票据号码 | 转账 34000288723 | | |

开户银行签章（建设银行常州分行 兰陵分理处 2022.3.28 转讫）

# 拓展阅读与训练

### 物"死"账"活"

凯达化学废液处理公司是一家大型公司，其拥有或控制的固定资产不仅数量繁多、规格复杂，而且金额巨大。该公司成立 7 年多来，其各年年末的固定资产账面价值占资产总额的比例一般在 35% 左右。

2011 年 1 月，注册会计师高阳审计该公司 2010 年 12 月 31 日资产负债表的固定资产项目时，发现固定资产账面价值仅占到资产总额的 15%；在审计该公司 2010 年利润表时，又发现该公司当年亏损严重。经进一步审计，发现该公司在固定资产核算方面存在以下问题：

（1）"在建工程"账户中 M 工程项目，已达到预定可使用状态，并已于 2010 年 1 月 1 日投入使用，但凯达公司未按有关规定估计价值入账，也未计提相应折旧。根据有关资料显示，该工程的估计价值为 1 450 000 元，预计使用年限为 20 年，没有净残值。

（2）2010 年 3 月 1 日，X 车间用房屋的改扩建工程完工，但改扩建总支出 5 000 000 元没有计入固定资产原价；实现的变价收入 300 000 元，已调低了该固定资产的账面原价。另外，该车间用房屋在改扩建期间虽然停止使用但仍继续计提折旧。

（3）2010 年 4 月 1 日，在结转完工的 Y 工程成本时，没有安装费和调试费，而有关资料显示这项工程发生的安装费和调试费共计 135 000 元。

（4）2010 年 6 月 30 日，凯达公司以 Z 设备遭受自然毁损为由对其进行清理，该设备原价 2 800 000 元，预计净残值 140 000 元，预计使用年限 10 年，已提折旧 1 064 000 元，没有计提减值准备。但事实上，该设备至 2010 年年末仍在继续使用，所谓的自然毁损并不影响其正常使用。

**案例思考**

（1）凯达公司对上述固定资产所做的会计处理是否符合企业会计制度和会计准则的有关规定？这种处理会对会计信息造成怎样的影响？

（2）如果你是凯达公司的高层管理人员，你认为公司有可能是出于何种目的而做出上述处理的？

（3）如果你是注册会计师，你应当向凯达公司提出哪些有针对性的建议？

# 项目八

# 核算其他长期资产、关注其他经济资源

## 任务一 核算投资性房地产

### 知识认知能力训练

#### 一、单项选择能力训练

1. 根据《企业会计准则——投资性房地产》,下列项目不属于投资性房地产的是(    )。
   A. 持有并准备增值后转让的房屋建筑物
   B. 已出租的土地使用权
   C. 已出租的建筑物
   D. 持有并准备增值后转让的土地使用权
2. 下列项目不属于企业投资性房地产的是(    )。
   A. 房地产开发企业将作为存货的商品房以长期租赁方式出租
   B. 企业开发完成后用于出租的房地产
   C. 企业持有并准备增值后转让的土地使用权
   D. 企业持有并准备增值后转让的厂房
3. 关于投资性房地产后续计量模式的变更,下列说法正确的是(    )。
   A. 已经采用公允价值模式计量的投资性房地产,不得从公允价值模式转为成本模式
   B. 企业对投资性房地产的计量模式可以随意选择
   C. 成本模式转为公允价值模式的,应当作为会计估计变更
   D. 已经采用成本模式计量的投资性房地产,不得从成本模式转为公允价值模式
4. 企业对以成本模式进行后续计量的投资性房地产摊销时,应该借记(    )科目。
   A. "投资收益"                B. "营业外收入"
   C. "管理费用"                D. "其他业务成本"

5. 企业对以成本模式进行后续计量的投资性房地产取得租金时,应该确认(　　)。
  A. 投资收益         B. 营业外收入
  C. 其他业务收入       D. 公允价值变动损益

## 二、多项选择能力训练

1. 关于投资性房地产,下列说法正确的有(　　)。
  A. 投资性房地产是指为赚取租金或资本增值,或者两者兼有而持有的房产、地产和机器设备等
  B. 已出租的建筑物是指从租赁期开始日以经营租赁方式出租的建筑物,包括自行建造完成后用于出租的房地产
  C. 用于出租的建筑物是指企业拥有产权的建筑物
  D. 一项房地产,部分用于赚取租金或资本增值,部分用于生产商品、提供劳务或经营管理,即使于赚取租金或资本增值的部分能够单独计量或出售,也不可以确认为投资性房地产

2. 下列情况下,企业可将其他资产转换为投资性房地产的有(　　)。
  A. 房地产企业将开发的准备出售的商品房改为出租
  B. 自用办公楼停止出租改为自用
  C. 原自用土地使用权停止自用改为出租
  D. 出租的厂房收回改为自用

3. 企业对以成本模式进行后续计量的投资性房地产进行处置时,下列说法正确的有(　　)。
  A. 将出售价款与投资性房地产账面价值的差额确认为营业外收入或营业外支出
  B. 出售价款确认为其他业务收入
  C. 出售的投资性房地产的账面价值记入"其他业务成本"
  D. 应通过"固定资产清理"账户核算出售过程中的收入及成本、费用

## 三、不定项选择能力训练

1. 甲公司对投资性房地产采用成本模式进行后续计量。2018 年至 2021 年,甲公司发生的与 A 仓库相关的交易或事项如下:

  资料一:2018 年 12 月 31 日,甲公司以银行存款 7 240 万元购入 A 仓库并于当日出租给乙公司,相关手续已办妥,租期为 3 年,年租金为 600 万元,于每年年末收取。甲公司预计 A 仓库的使用年限为 20 年,预计净残值为 40 万元,采用年限平均法计提折旧。

  资料二:2019 年 12 月 31 日,甲公司收取当年租金 600 万元。当日,A 仓库的公允价值为 7 300 万元。

  资料三:2021 年 12 月 31 日,A 仓库租期届满,甲公司将其收回并以 7 600 万元出售给丙公司,款项已收存银行。

要求：根据上述资料，回答下列小题。（不考虑增值税、所得税等其他因素。）

(1) 甲公司 2018 年 12 月 31 日购入 A 仓库时，会计分录为(　　)。

  A. 借：投资性房地产　　　　　　　　　　　　72 400 000
    贷：银行存款　　　　　　　　　　　　　　　72 400 000
  B. 借：固定资产　　　　　　　　　　　　　　72 400 000
    贷：银行存款　　　　　　　　　　　　　　　72 400 000
  C. 借：投资性房地产——成本　　　　　　　　72 400 000
    贷：银行存款　　　　　　　　　　　　　　　72 400 000
  D. 借：投资性房地产　　　　　　　　　　　　72 400 000
    贷：固定资产　　　　　　　　　　　　　　　72 400 000

(2) 甲公司 2019 年 12 月 31 日取得的租金收入应计入(　　)。

  A. 投资收益　　　　　　　　　　B. 其他业务收入
  C. 主营业务收入　　　　　　　　D. 营业外收入

(3) 下列关于甲公司 2019 年对 A 仓库处理的表述中，正确的有(　　)。

  A. 应计提折旧 360 万元并计入当期管理费用
  B. 应确认公允价值变动损益 60 万元
  C. 满足条件时，甲公司对投资性房地产的后续计量可以从成本模式转为公允价值模式
  D. 影响甲公司 2019 年当期损益的金额为 240 万元

(4) 2021 年 12 月 31 日，甲公司处置投资性房地产时，对当期营业利润的影响金额为(　　)万元。

  A. 7 600　　　　B. 7 000　　　　C. 1 440　　　　D. 240

(5) 甲公司因 A 仓库影响其 2018 年—2021 年营业利润的金额为(　　)万元。

  A. 2 400　　　　B. 840　　　　C. 720　　　　D. 2 160

## 四、判断能力训练

1. 投资性房地产，是指为赚取租金或资本增值，或两者兼有而持有的房地产。(　　)
2. 企业持有的准备增值的建筑物是作为投资性房地产进行核算的。(　　)
3. 企业只能采用成本模式对投资性房地产进行后续计量，不得采用公允价值模式对投资性房地产进行后续计量。(　　)
4. 采用公允价值模式进行后续计量的投资性房地产，应根据其预计使用寿命计提折旧或进行摊销。(　　)
5. 采用成本模式进行后续计量的投资性房地产，应在资产负债表日，根据其公允价值调整账面价值。(　　)
6. 投资性房地产取得的租金收入，应确认为其他业务收入。(　　)
7. 企业对投资性房地产的计量模式一经确定，不得随意变更。成本模式转为公允价值模式的，应当作为会计政策变更处理。(　　)

8. 采用成本模式进行计量的投资性房地产存在减值迹象时,应计提减值准备,待以后的会计期间投资性房地产的价值恢复时,再予以转回。(     )

9. 只有能够单独计量和出售的房地产,才能划分为投资性房地产。(     )

10. 投资性房地产的租金收入及出售的收入都属于企业营业收入的范畴。(     )

## 专业应用能力训练

### 训练一

**资料** A 股份有限公司(以下简称 A 公司)为一家上市公司,A 公司 2022 年与投资性房地产有关的业务资料如下:

(1) 2022 年 3 月,A 公司购入一幢写字楼,价款为 6 500 000 元,款项以银行存款转账支付。不考虑其他相关税费。A 公司将取得的该项写字楼自当月起用于对外经营租赁,A 公司对该房地产采用成本模式进行后续计量。

(2) A 公司购入的上述用于出租的写字楼预计使用寿命为 20 年,预计净残值为 500 000 元,采用年限平均法按年计提折旧。

(3) A 公司该项房地产 2022 年的租金收入为 650 000 元,款项已支付。假定不考虑其他相关税费。

**要求**

(1) 编制 A 公司 2022 年 3 月取得该项写字楼的会计分录。

(2) 计算 2022 年度 A 公司对该项投资性房地产计提的折旧额,并编制相应的会计分录。

(3) 编制 A 公司 2022 年取得该项写字楼租金收入的会计分录。

(4) 计算 A 公司该项房地产 2022 年年末的账面价值(答案中的金额单位用万元表示)。

### 训练二

**资料** 甲股份公司(以下简称甲公司)于 2018 年 12 月 25 日将一建成完工的建筑物对外出租并采用成本模式计量,租期为 5 年,每年年底收取租金 150 万元。该建筑物的完工成本为 3 600 万元,使用年限为 30 年,以年限平均法计提折旧。2022 年 12 月 31 日,将该建筑物出售,出售价款为 5 000 万元。假定不考虑相关税费。

**要求** 编制甲公司上述经济业务的会计分录。

## 任务二　核算无形资产

## 知识认知能力训练

### 一、单项选择能力训练

1. 关于无形资产的后续计量,下列说法正确的是(　　)。
   A. 使用寿命不确定的无形资产应该按系统合理的方法摊销
   B. 使用寿命不能确定的无形资产,应按10年摊销
   C. 企业无形资产摊销方法,应当反映与该项无形资产有关的经济利益的预期实现方式
   D. 无形资产的摊销方法,一般采用直线法
2. 2022年8月1日,某企业开始研究开发一项新技术,当月共发生研发支出800万元,其中,费用化的金额650万元,符合资本化条件的金额150万元。8月末,研发活动尚未完成。该企业2022年8月应计入当期利润总额的研发支出为(　　)万元。
   A. 0　　　　　　　　B. 150　　　　　　　　C. 650　　　　　　　　D. 800
3. 企业摊销管理用的无形资产时,贷记的科目是(　　)。
   A. "无形资产"　　　　　　　　　　　　B. "累计摊销"
   C. "累计折旧"　　　　　　　　　　　　D. "无形资产减值准备"
4. 下列选项中,反映企业无形资产账面价值的是(　　)。
   A. "无形资产"账户借方余额
   B. "无形资产"账户借方余额减去"坏账准备"账户贷方余额
   C. "无形资产"账户借方余额与"累计摊销""无形资产减值准备"账户贷方余额之差
   D. "无形资产"账户借方余额与"累计摊销""无形资产减值准备"账户贷方余额之和
5. 出租无形资产收入应纳增值税应计入(　　)。
   A. 营业外支出　　　　　　　　　　　　B. 税金及附加
   C. 其他业务收入　　　　　　　　　　　D. 应交税费
6. 一般纳税人出租无形资产业务按税法规定收取增值税税款应贷记(　　)科目。
   A. 应交税费———增值税(销项税额)　　B. 其他业务收入
   C. 其他应付款　　　　　　　　　　　　D. 税金及附加

7. 无形资产预期不能为企业带来经济利益时,应予以报废,其账面价值应列入( )。
   A. 营业外支出　　　　　　　　B. 管理费用
   C. 其他业务成本　　　　　　　D. 长期待摊费用
8. 某企业以350万元的不含税价格转让一项无形资产,适用的增值税税率为6%。该无形资产原购入价450万元,合同规定的受益年限为10年,法律规定的有效使用年限为12年,转让时已使用4年。不考虑减值准备及其他相关税费。企业在转让该无形资产时确认的净收益为( )万元。
   A. 32.5　　　　B. 50　　　　C. 62.5　　　　D. 80
9. 某企业以600万元的不含税价转让一项无形资产,适用的增值税税率为6%。该无形资产原购入价300万元,已提摊销额为120万元。不考虑减值准备及其他相关税费。企业在转让该无形资产时确认的净收益为( )万元。
   A. 420　　　　B. 456　　　　C. 396　　　　D. 300

## 二、多项选择能力训练

1. 下列说法,符合企业会计准则规定的有( )。
   A. 研究过程中发生的费用应在发生时直接计入当期损益
   B. 开发过程中发生的支出均应计入无形资产价值
   C. 若预计某项无形资产已经不能给企业带来未来经济利益,应将该项无形资产的账面价值全部转入当期损益
   D. 广告费作为无形资产上的后续支出,虽然能提高商标的价值,但一般不计入商标的成本
2. 企业对使用寿命有限的无形资产进行摊销时,其摊销额应根据不同情况分别计入( )。
   A. 管理费用　　　　　　　　B. 制造费用
   C. 财务费用　　　　　　　　D. 其他业务成本
3. 下列关于无形资产的说法,不正确的有( )。
   A. 使用寿命不确定的无形资产不需要进行摊销
   B. 无形资产的成本应自其可使用次月开始摊销
   C. 无形资产只能采用直线法进行摊销
   D. 转让无形资产所有权的收入应当确认为其他业务收入

## 三、不定项选择能力训练

甲公司为增值税一般纳税人,销售无形资产(商标权)适用的增值税税率为6%。有关业务资料如下:

(1) 2018年11月15日,以银行存款购入一台需要安装的生产线,取得的增值税专用发票上注明的价款为234万元(不含增值税),支付的运杂费、包装费共6万元。在安装上

述生产线的过程中,领用外购原材料20万元;领用本企业生产的商品一批,成本为80万元,税务部门确定的计税价格为100万元;应付未付工程人员的工资为30万元,用银行存款支付其他费用为9.6万元。

(2) 2019年3月31日,该项工程完工并达到预定可使用状态,并投入第一基本生产车间使用。该设备估计使用年限为5年,预计净残值率为5%,采用双倍余额递减法计提折旧。

(3) 甲公司2020年1月1日以银行存款10万元购入一项商标的所有权,该项商标权法律规定的有效年限为20年,甲公司预计该商标的使用年限为10年,预计净残值为0,采用直线法进行摊销。

(4) 2020年12月31日,甲公司将该生产线出租,年租金收入为20万元,租入方于年末支付租金,假设折旧方法与折旧年限不变。2021年12月31日,甲公司将该生产线对外出售,取得的增值税专用发票上注明的价款为80万元,增值税税额10.4万元。

(5) 2022年7月5日,将上述购入的无形资产出售,收到不含税价款5万元。

要求:根据上述资料,回答下列小题。

(1) 关于安装生产线业务的表述,正确的是(　　)。
　　A. 将购买的原材料用于该在建工程,属于进项税额可抵扣的情况,不需要通过"进项税额转出"明细科目核算
　　B. 将本公司生产的产品用于该在建工程,不确认销项税额
　　C. 工程人员工资通过"应付职工薪酬"科目核算
　　D. 该生产线完工后入账价值为383万元

(2) 生产线在2020年应计提的折旧金额为(　　)万元。
　　A. 106.29　　　　B. 120　　　　C. 160　　　　D. 72

(3) 关于出租生产线的表述不正确的是(　　)。
　　A. 2021年计提的折旧额为63.77万元
　　B. 2021年计提的折旧额应计入制造费用科目
　　C. 2021年收到的租金应确认为营业外收入
　　D. 2021年计提的折旧额应计入其他业务成本科目

(4) 出售生产线时确认的损益金额为(　　)万元。
　　A. 88　　　　　B. -88　　　　C. 20.8　　　　D. -15.66

(5) 出售无形资产时确认的损益金额为(　　)万元。
　　A. -2.5　　　　B. -2.8　　　　C. -5.25　　　　D. -5

## 四、判断能力训练

1. 企业的商誉应当作为无形资产入账。(　　)
2. 研究开发支出中的开发支出应资本化,计入无形资产成本。(　　)
3. 企业取得的使用寿命有限的无形资产均应按直线法摊销。(　　)
4. 专门用于生产某产品的无形资产,其所包含的经济利益通过所生产的产品实现的,

该无形资产的摊销额应计入产品成本。（　　）

5. 无形资产出租收入和无形资产出售的收入均应列为其他业务收入。（　　）

6. 当无形资产预期不能为企业带来经济利益时，应将该项无形资产的账面余额予以转销，并计入当月的损益。（　　）

7. 企业外购土地使用权用于建造办公大楼，应在大楼办理竣工决算时，将土地使用权的价值转入固定资产。（　　）

8. 接受投资人投入的专利权应以其在投资方的账面价值入账。（　　）

9. 研究支出应在当期作为管理费用入账，无须考虑资本化问题。（　　）

## 专业应用能力训练

### 训练一

**资料**　2019年1月1日，甲企业外购A无形资产，价款为200万元，增值税税款为12万元，以银行存款支付。甲企业估计A无形资产尚可使用年限为5年。以直线法计提摊销。2020年12月31日，由于与A无形资产相关的经济因素发生不利变化，致使A无形资产发生价值减值，甲企业估计其可收回金额为36万元。2022年1月1日，将该无形资产对外出售，价款100万元，增值税税率为6%。款项收存银行。假定不考虑其他相关税费的影响。

**要求**　编制从无形资产购入到无形资产出售相关业务的会计分录。

### 训练二

**资料**　2022年9月，A公司将一项土地使用权进行出售，不含税价款940万元，款项收存银行。该项土地使用权取得成本为520万元，已提摊销260万元。增值税税率为9%，不考虑其他税费。

**要求**　根据以上经济业务，做出A公司的会计处理。

### 训练三

**资料**　2022年8月1日，甲公司签发转账支票，交纳竞拍保证金600万元。8月20日，通过竞拍方式取得一块土地的使用权，转账支付200万元剩余款项，并办妥土地使用权证。9月开始，在该土地上自行建造办公楼等工程，发生材料支出500万元，工资费用400万元，其他相关费用100万元等。

12月31日，该工程已经完工并达到预定可使用状态。

**要求**　编制相关会计分录。

### 训练四

**资料**　甲公司为一项新产品专利技术进行研究开发活动。2022年发生如下经济业务：
(1) 1月，为获取知识而进行的活动发生支出15万元，转账支票付款。

（2）3月，在开发过程中发生材料费40万元，人工工资10万元，以及其他费用30万元，合计80万元，其中，符合资本化条件的支出50万元。

（3）6月，该专利技术达到预定用途。

**要求** 编制上述业务的会计分录。

## 训练五

**资料** 甲公司与无形资产相关的经济业务如下：

（1）2020年1月5日，购入一项土地使用权2 000万元，增值税税率9%，以银行存款支付。该项土地使用权使用期限50年。

（2）2020年6月8日，公司研发部门准备研究开发一项专利技术。在研究阶段，公司为了研究成果的应用研究、评价，以银行存款支付相关费用500万元。

（3）2020年8月30日，上述专利技术研究成功，转入开发阶段。企业将研究成果应用于该项专利技术的设计，直接发生的研发人员工资、材料费以及设备的折旧费分别为700万元、1 200万元和100万元。同时用银行存款支付了其他相关费用90万元。以上支出均满足无形资产的确认条件。

（4）2020年9月10日，上述专利技术的研究开发项目达到预定用途，形成无形资产。甲公司预计该专利技术的使用年限为10年。甲公司无法可靠确定与该专利技术有关的经济利益预期实现方式。

（5）2020年3月，甲公司利用上述外购土地使用权，自行开发建造厂房。厂房于2020年10月达到预定可使用状态，累计所发生的必要支出4 550万元（不包括土地使用权）。该厂房预计使用寿命为10年，预计净残值30万元。假定甲公司对其采用年数总和法计提折旧。

（6）2021年11月，甲公司研发的专利技术预期不能为企业带来经济利益，经批准将其予以转销。

**要求**

（1）编制2020年1月购入土地使用权的会计分录。

（2）计算2020年该土地使用权摊销金额及2020年12月31日该土地使用权的账面价值，并编制会计分录。

（3）编制2020年研制开发专利技术的有关会计分录。

（4）计算甲公司研制开发的专利技术至2021年10月的累计摊销金额（假定没有计提减值准备）。

（5）分析土地使用权是否应该转入该厂房的建造成本；计算甲公司自行开发建造厂房2020年计提的折旧额。

（6）编制甲公司该项专利技术2021年11月予以转销的会计分录。

## 训练六

甄别相关原始凭证，写出相关会计分录（或填制相关记账凭证）。

1-1

## 江苏省增值税专用发票

NO 004893596

开票日期：2022 年 11 月 1 日

| 购货单位 | 名称 | 江苏环宇公司 | | | | 密码区 | 67/＊+3＊0/611＊++0/+0＊/＊+<br>3+2/9＊11＊+66666＊＊066611＊+<br>66666＊1＊＊+ 216＊＊＊6000＊261<br>＊2＊4/＊547203994＋−42＊64151<br>＊6915361/3＊ | | |
|---|---|---|---|---|---|---|---|---|---|
| | 纳税人识别号 | 320303001119928 | | | | | | | |
| | 地址、电话 | 徐州市建国路180号 | | | | | | | |
| | 开户银行及账号 | 中行徐州分行 740108320311 | | | | | | | |
| 货物或应税劳务名称 | | 规格型号 | 单位 | 数量 | 单价 | 金额 | | 税率 | 税额 |
| 商标权 25－A1360 | | | | | | 100 000.00 | | 6% | 6 000.00 |
| 合计 | | | | | | 100 000.00 | | | 6 000.00 |
| 价税合计（大写） | | 壹拾万陆仟元整 | | | （小写） | ¥ 106 000.00 | | | |
| 销货单位 | 名称 | 江苏南方机电公司 | | | | 备注 | | | |
| | 纳税人识别号 | 3205021679933 | | | | | | | |
| | 地址、电话 | 苏州市苏安路109号 | | | | | | | |
| | 开户银行及账号 | 工商银行新区支行 4222304131 | | | | | | | |

收款人：张灿　　　复核：李琴　　　开票人：谭胜　　　销货单位：(章)

第一联 发票联

（抵扣联略）

1-2

## 中国银行
## 转账支票存根

支票号码：NO 20003602

附加信息

出票日期　2022 年 11 月 1 日

收款人：江苏南方机电公司

金额：¥ 106 000.00

用途：购商标权

单位主管　方泊　　会计　马红

### 1-3
《国家工商总局商标局商标转让核准证明》(略)

## 任务三 核算使用权资产

### 知识认知能力训练

#### 一、单项选择能力训练

1. 甲公司为租赁某项资产,在租赁期开始日之前支付的租赁付款额为 40 万元,租赁期开始日尚未支付的租赁付款额的现值为 200 万元,甲公司发生的初始直接费用为 2 万元,为拆卸及移除租赁资产预计发生的成本为 10 万元,已享受的租赁激励为 8 万元。甲公司该项使用权资产初始成本为(　　)万元。
   A. 232　　　　　B. 252　　　　　C. 240　　　　　D. 244
2. 关于承租人对使用权资产的后续计量,下列表述不正确的是(　　)。
   A. 采用成本模式对使用权资产进行后续计量
   B. 应当参照固定资产有关规定,对使用权资产计提折旧
   C. 应当按照资产减值的规定,确定使用权资产是否发生减值,并对已识别的减值损失进行会计处理
   D. 采用公允价值模式对使用权资产进行后续计量

#### 二、多项选择能力训练

1. 下列关于承租人租赁负债和使用权资产的初始计量及后续计量的表述正确的有(　　)。
   A. 租赁负债应当按照租赁开始日尚未支付的租赁付款额的现值进行初始计量
   B. 在租赁期开始日,记入"使用权资产"科目的使用权资产成本与记入"租赁负债——租赁付款额"科目的尚未支付租赁付款额现值的差额,记入"租赁负债——未确认融资费用"科目的借方
   C. 在租赁期开始日后,承租人应当采用成本模式对使用权资产进行后续计量
   D. 承租人无法合理确定租赁期届满时能够取得租赁资产所有权的,应当在租赁资产剩余使用寿命内对使用权资产计提折旧
2. 在租赁期开始日,承租人应当按照成本对使用权资产进行初始计量。其成本应当包

括( )。

A. 租赁负债的初始计量金额
B. 在租赁期开始日或之前支付的租赁付款额;存在租赁激励的,应扣除已享受的租赁激励相关金额
C. 承租人发生的初始直接费用
D. 承租人为拆卸及移除租赁资产、复原租赁资产所在场地或将租赁资产恢复至租赁条款约定状态预计将发生的成本

### 三、判断能力训练

1. 使用权资产通常应自租赁期开始的当月计提折旧,当月计提确有困难的,企业也可以选择自租赁期开始的下月计提折旧。( )

2. 对于低价值资产租赁,如果承租人已经或者预期要把相关资产进行转租,也不应作为使用权资产进行管理及核算。( )

3. 对于短期租赁和低价值资产租赁,承租人可以选择不确认使用权资产和租赁负债,采用简化会计处理。( )

4. 租赁负债应当按照租赁期开始日尚未支付的租赁付款额的现值进行初始计量。( )

## 专业应用能力训练

### 训练一

甲公司与出租人乙公司签订一份生产用设备租赁合同。有关资料如下:(1) 每年的租赁付款额为 200 000 元,于每年年末支付;(2) 不可撤销期为 3 年,合同约定在第 3 年年末,甲公司有权选择以每年 200 000 元的租金续租 2 年,也有权选择以 600 000 元的价格购买该办公楼;(3) 甲公司为获得该设备向前任租户支付款项 28 000 元,向促成此项租赁交易的中介机构支付佣金 10 000 元;(4) 作为对甲公司的激励,乙公司同意补偿 10 000 元佣金;(5) 江苏天润机械有限公司无法确定租赁内含报酬率,确定其增量利率为 6%;(6) 甲公司在租赁开始日选择续租 2 年,即实际租赁期为 5 年;(7) (P/A,6%,5)年金现值系数取两位小数为 4.21。不考虑税费等相关因素。根据上述资料,进行如下会计处理:

(1) 计算租赁期开始日租赁付款额、租赁付款额的现值,确认租赁负债和使用权资产并编制会计分录。

(2) 编制向前任租户支付款项、支付给中介机构佣金的会计分录,并确定使用权资产的初始成本。

(3) 编制第一年年末支付租金的会计分录。

(4) 计算第一年年末应确认的利息费用并编制会计分录。

(5) 计算第一年应计提的折旧并编制会计分录。

### 训练二

**资料** 2022年4月1日,甲公司对其以经营租赁方式新租入的办公楼进行装修,发生以下有关支出:领用生产用材料 500 000 元,购进该批原材料时支付的增值税进项税额为 65 000 元;辅助生产车间为该装修工程提供的劳务支出为 180 000 元;有关人员工资等职工薪酬 435 000 元。2022年11月30日,该办公楼装修完工,达到预定可使用状态并交付使用,按租赁期 10 年开始进行摊销。假定不考虑其他因素。

**要求** 根据以上经济业务,做出甲公司的会计处理。

## 任务四 核算长期待摊费用

### 一、单项选择能力训练

1. 长期待摊费用包括( )。
   A. 融资租入固定资产改良支出
   B. 企业开办费
   C. 经营性租入固定资产改良支出
   D. 摊销期在 1 年以上的固定资产大修理支出

2. 下列各项中,不在长期待摊费用中核算的有( )。
   A. 企业研发支出            B. 企业预付下半年书报费
   C. 日常固定资产修理支出    D. 经营性租入固定资产装修支出

3. 在会计报表附注中,应披露的长期待摊费用的内容有( )。
   A. 摊余价值        B. 摊销期限
   C. 摊销方式        D. 具体费用项目

### 二、判断能力训练

1. 租入固定资产改扩建支出都应在"长期待摊费用"科目中核算。( )
2. "长期待摊费用"属于损益类科目,期末应将其余额转入"本年利润"。( )
3. 企业开办费应在发生时计入长期待摊费用,在企业生产经营的当月一次性转入当期管理费用。( )

# 项目九

# 记录流动负债、明确责任义务

## 任务一　核算短期借款

### 知识认知能力训练

#### 一、单项选择能力训练

1. 下列各项中,不属于企业流动负债的是(　　)。
   A. 预收的销售货物款项　　　　　　　B. 预付采购材料款
   C. 应付采购商品货款　　　　　　　　D. 购买材料开出的商业承兑汇票
2. 短期借款在核算时,不会涉及的账户是(　　)。
   A. "短期借款"　　　　　　　　　　　B. "应付利息"
   C. "财务费用"　　　　　　　　　　　D. "其他应付款"
3. 下列各项中,企业计提短期借款利息时应贷记的会计科目是(　　)。
   A. 其他应付款　　B. 短期借款　　C. 银行存款　　D. 应付利息
4. 2022年9月1日,某企业向银行借入一笔期限2个月、到期一次还本付息的生产经营周转借款200 000元,年利率6%,借款利息采用预提方式于月末确认。11月1日,企业以银行存款偿还借款本息的会计处理正确的是(　　)。

   A. 借：短期借款　　　　　　　　　　　　　　　　200 000
   　　贷：银行存款　　　　　　　　　　　　　　　　　　　200 000

   B. 借：短期借款　　　　　　　　　　　　　　　　200 000
   　　　应付利息　　　　　　　　　　　　　　　　　　2 000
   　　贷：银行存款　　　　　　　　　　　　　　　　　　　202 000

   C. 借：短期借款　　　　　　　　　　　　　　　　200 000
   　　　财务费用　　　　　　　　　　　　　　　　　　2 000
   　　贷：银行存款　　　　　　　　　　　　　　　　　　　202 000

   D. 借：短期借款　　　　　　　　　　　　　　　　202 000
   　　贷：银行存款　　　　　　　　　　　　　　　　　　　202 000

## 二、判断能力训练

1. 负债是过去的交易、事项形成的潜在的义务,履行该义务预期会导致经济利益流出企业。(  )
2. 短期借款利息在预提或实际支付时均通过"短期借款"核算。(  )
3. 企业的短期借款利息应在实际支付时计入当期财务费用。(  )
4. 资产负债表日,按计算确定的短期借款利息费用,贷记的会计科目为"应付利息"。(  )

# 专业应用能力训练

## 训练一

**资料**

(1) 某企业因生产经营需要,2022年9月1日从银行取得一项为期3个月的临时借款120 000元,年利率4.8%;借款利息数额不大,不考虑预提,借款到期一次以存款还本付息。

(2) 某企业因生产经营需要,于2022年7月1日从银行取得一项为期6个月的生产周转借款900 000元,年利率4.8%;借款利息分月预提,在季末付息,到期日归还本金及未付利息。

**要求** 编制短期借款取得、计(付)息、还款的会计分录。

## 训练二

甄别相关原始凭证,写出相关会计分录(或填制相关记账凭证)。

### 中国工商银行计付利息清单(付款通知)

2022年12月31日

| 单位名称 | 江苏环宇公司 | 结算户账号 | 740108320311 |
|---|---|---|---|
| 计息起讫日期 | 2022年10月1日至2022年12月31日 ||| 
| 计算户账号 | 计息总积数 | 利率(年) | 利息金额 |
|  |  |  | ¥8 100.00 |
| 备注:你单位上述应偿借款利息<br>已从你单位账户划出 ||||

(注:环宇公司该笔短期借款按季付息并已于2022年10月末、11月末预提利息费用5 400元)

## 任务二　核算应付及预收款项

# 知识认知能力训练

## 一、单项选择能力训练

1. 期末，带息应付票据计提利息时，应做的会计分录是（　　）。
   A. 借记"财务费用"科目，贷记"应付利息"科目
   B. 借记"管理费用"科目，贷记"应付利息"科目
   C. 借记"财务费用"科目，贷记"应付票据"科目
   D. 借记"管理费用"科目，贷记"应付票据"科目
2. 某企业以一张期限为 6 个月的商业承兑汇票支付货款，票面价值为 100 万元，票面年利率为 6%。该票据到期时，企业应支付的金额为（　　）万元。
   A. 106　　　　　B. 104　　　　　C. 103　　　　　D. 100
3. 如果企业不设置"预收账款"科目，应将预收的货款计入（　　）。
   A. 应收账款的借方　　　　　B. 应收账款的贷方
   C. 应付账款的借方　　　　　D. 应付账款的贷方
4. 下列有关应付票据处理的表述，不正确的是（　　）。
   A. 企业开出并承兑商业汇票时，应按票据的到期价值贷记"应付票据"
   B. 企业支付的银行承兑手续费，计入当期"财务费用"
   C. 应付票据到期支付时，按票面金额借记"应付票据"
   D. 企业到期无力支付的不带息商业承兑汇票，应按票面金额转入"应付账款"
5. 企业应将确实无法支付的应付账款转销，将其账面余额记入（　　）科目中。
   A. "投资收益"　　　　　B. "营业外收入"
   C. "其他业务收入"　　　D. "资本公积"

## 二、多项选择能力训练

1. 下列各项应计入"财务费用"科目的有（　　）。
   A. 短期借款期末计提的利息
   B. 转销无力支付的商业票据款
   C. 申请银行承兑商业汇票时按要求存入的保证金

D. 带息应付票据在期末所计提的利息
2. 下列各项中引起"应付票据"科目金额发生增减变动的有(　　)。
    A. 开出商业承兑汇票购买原材料
    B. 转销已到期无力支付票款的商业承兑汇票
    C. 转销已到期无力支付票款的银行承兑汇票
    D. 支付银行承兑汇票手续费
3. 企业发生赊购商品业务,下列各项中影响应付账款入账金额的有(　　)。
    A. 商品价款                    B. 增值税进项税额
    C. 现金折扣                    D. 销货方代垫运杂费

## 三、判断能力训练

1. 企业到期无力偿付的商业承兑汇票,应按其账面余额转入"短期借款"科目。(　　)
2. 企业转销无力支付的商业承兑汇票时,应将应付票据按票据到期值转入"应付账款"。(　　)
3. 企业确实无法支付的应付账款,应按照其账面余额计入营业外收入。(　　)
4. "预收账款"如出现贷方余额,反映企业尚欠供货商的款项。(　　)

# 专业应用能力训练

### 训练一

**资料** 2022年6月1日,江苏环宇公司从甲企业购入A材料一批,货款20 000元,增值税2 600元,材料已验收入库(材料按实际成本计价核算),企业签发并承兑面值22 600元、为期6个月的不带息商业承兑汇票支付货款。

**要求** 写出江苏环宇公司开出票据和到期支付票款的会计处理。

### 训练二

**资料** 2022年5月1日,江苏环宇公司从乙公司购入B材料一批,货款50 000元,增值税6 500元;乙公司代垫运费,企业收到运费增值税专用发票,发票中列示运费为2 000元,增值税180元,材料已验收入库(材料按实际成本计价核算)。企业签发并承兑一张面值58 680元、年利率为6%、为期3个月的带息银行承兑汇票,并以银行存款支付银行承兑手续费750元。

**要求** 编制江苏环宇公司开出商业汇票、支付承兑手续费、月末计提利息、到期支付票据款项的会计分录。

## 训练三

**资料** 江苏环宇公司2022年8月发生如下业务：

（1）4日，从B公司购入原材料100千克，货款60 000元，增值税税率13%，材料验收时发现有1千克合理损耗，材料入库，价税款尚未支付。

（2）12日，支付8月4日从B公司购料的款项。

（3）25日，向五丰公司购入原材料一批，材料已验收入库，价款因尚未收到发票账单而无法支付。

（4）25日向五丰公司购入原材料，至月终仍未收到发票账单，月终企业按估价36 000元暂付入账。

（5）8月末，经批准，将确实无法支付的应付白云公司账款15 000元予以转销。

**要求** 根据资料编制有关会计分录。

## 训练四

**资料** 2022年3月5日，某企业按合同约定预收B公司货款30 000元存入银行，2022年3月20日，将商品发运给B公司，售价50 000元，增值税6 500元，差额26 500元已收存银行。

**要求** 根据资料编制有关会计分录。

## 训练五

甄别相关原始凭证，写出相关会计分录（或填制相关记账凭证）。

1-1

### 江苏省增值税专用发票

NO 006893597

开票日期：2022年12月8日

| 购货单位 | 名称 | 江苏环宇公司 | | | | 密码区 | 67/ * +3*0/611 *++0/+0*/ * +<br>3+2/9*11**+66666**066611*+<br>66666*1**+ 216***6000*261<br>*2*4/*547203994 +− 42*64151<br>*6915359/3* | | |
|---|---|---|---|---|---|---|---|---|---|
| | 纳税人识别号 | 320303001119928 | | | | | | | |
| | 地址、电话 | 徐州市建国路180号 | | | | | | | |
| | 开户银行及账号 | 中国银行徐州开发区支行<br>740108320311 | | | | | | | |
| 货物或应税劳务名称 | | 规格型号 | 单位 | 数量 | 单价 | 金额 | 税率 | 税额 | |
| B材料 | | M1 | 件 | 2 000 | 40 | 80 000.00 | 13% | 10 400.00 | |
| 合计 | | | | | | 80 000.00 | | 10 400.00 | |
| 价税合计（大写） | | 玖万零肆佰元整 | | | （小写）¥90 400.00 | | | | |
| 销货单位 | 名称 | 江苏南方机电公司 | | | | 备注 | | | |
| | 纳税人识别号 | 3205021679933 | | | | | | | |
| | 地址、电话 | 徐州市西安路109号 | | | | | | | |
| | 开户银行及账号 | 工商银行新区支行4222304131 | | | | | | | |

收款人：张灿　　复核：李琴　　开票人：谭胜　　销货单位（章）

1-2

## 收 料 单

材料科目：原材料　　　　　　　　　　　　　　　　　　　　　编号：532
材料类别：原料及主要材料　　　　　　　　　　　　　　　　　收料仓库：4号仓库
供应单位：江苏南方机电公司　　　2022年12月8日　　　　　发票号码：006893597

| 材料编号 | 材料名称 | 规格 | 计量单位 | 数量 | | 实际成本/元 | | | |
|---|---|---|---|---|---|---|---|---|---|
| | | | | 应收 | 实收 | 单价 | 发票金额 | 运杂费 | 合计 |
| | B材料 | | 件 | 2 000 | 2 000 | 40 | 80 000.00 | / | 80 000.00 |
| | | | | | | | | | |
| 备注： | | | | | | | | | |

采购员：　　　　　　检验员：李云　　　　　　记账员：　　　　　　保管员：张群

1-3

**中国银行**
**转账支票存根**

支票号码：NO 20003602

附加信息

_____

_____

出票日期　2022年12月27日

收款人：江苏南方机电公司

金额：¥90 400.00

用途：偿付货款

单位主管　方泊　　会计　马红

## 任务三 核算应付职工薪酬

### 知识认知能力训练

#### 一、单项选择能力训练

1. 按照《企业会计准则第 9 号———职工薪酬》的规定,职工薪酬不包括的内容有（　　）。
   A. 医疗保险费等社会保险费　　　　B. 住房公积金
   C. 工会经费和职工教育经费　　　　D. 职工出差报销的差旅费

2. 企业从应付职工薪酬中代扣的个人所得税,贷记的会计科目是（　　）。
   A. 其他应收款　　　　B. 应交税费———应交个人所得税
   C. 银行存款　　　　　D. 其他应付款

3. 企业支付工会经费和职工教育经费用于工会活动和职工培训,应借记的会计科目是（　　）。
   A. "管理费用"　　　　B. "其他应收款"
   C. "应付职工薪酬"　　D. "其他应交款"

4. 因解除与生产工人的劳动关系给予的补偿,属于职工薪酬中的（　　）。
   A. 职工工资　　B. 职工福利费　　C. 非货币性福利　　D. 辞退福利

5. 企业在无形资产研究阶段发生的职工薪酬,应当计入（　　）。
   A. 管理费用　　B. 在建工程　　C. 无形资产　　D. 生产成本

6. 职工工资中代扣的职工房租,应借记的会计科目是（　　）。
   A. "应付职工薪酬"　　B. "银行存款"
   C. "其他应收款"　　　D. "其他应付款"

7. 以下表述正确的是（　　）。
   A. 与企业订立劳动合同的全职、兼职和临时职工都属于企业职工范畴
   B. 企业职工不包括劳务公司派遣至企业的勤杂人员
   C. 企业职工不包括公司高级管理人员
   D. 企业职工指与企业签订劳动合同,能为企业工作的人员,不包括长病假人员及提前退休人员

8. 企业在无形资产开发阶段发生的职工薪酬,符合资本化条件的应计入（　　）。
   A. 制造费用　　　　B. 无形资产成本

C. 存货成本  D. 在建工程成本

9. 下列各项支出,不通过"应付职工薪酬"核算的有(　　)。
   A. 职工培训费  B. 职工生活困难补助
   C. 职工社会保险费  D. 业务招待费

10. 从职工工资中代扣由职工负担的社会保险费,应贷记的科目是(　　)。
    A. "应付职工薪酬———社会保险费"  B. "应付账款"
    C. "应交税费"  D. "其他应付款"

11. 某企业为增值税一般纳税人。2022年12月25日,向职工发放一批自产的空气净化器作为福利,该批产品售价为10万元,生产成本为7.5万元,按计税价格计算的增值税销项税额为1.3万元。不考虑其他因素,该笔业务应确认的应付职工薪酬为(　　)万元。
    A. 7.5　　　　　B. 11.3　　　　　C. 10　　　　　D. 9.2

12. 企业将自有房屋无偿提供给本企业行政管理人员使用,下列各项中,关于计提房屋折旧的会计处理表述正确的是(　　)。
    A. 借记"其他业务成本"科目,贷记"累计折旧"科目
    B. 借记"其他应收款"科目,贷记"累计折旧"科目
    C. 借记"营业外支出"科目,贷记"累计折旧"科目
    D. 借记"管理费用"科目,贷记"应付职工薪酬"科目,同时借记"应付职工薪酬"科目,贷记"累计折旧"科目

## 二、多项选择能力训练

1. 非货币性职工薪酬主要为非货币性福利,通常不包括的内容有(　　)。
   A. 企业将自己生产的产品发放给职工作为福利
   B. 企业向职工提供技能培训的相关支出
   C. 企业外购物资无偿发放给职工
   D. 向社会保险经办机构交纳的养老保险费

2. 下列各项职工薪酬,不能直接在"管理费用"中列支的有(　　)。
   A. 专利开发人员的薪酬  B. 行政人员的薪酬
   C. 车间管理人员的薪酬  D. 研究人员的薪酬

3. 向职工发放自产产品时,记入"应付职工薪酬"的金额有(　　)。
   A. 产品的生产成本
   B. 产品视同销售应负担的增值税税额
   C. 制造产品所耗材料须予转出的增值税进项税额
   D. 产品的计税价格

## 三、不定项选择能力训练

2022年12月初,某企业"应付职工薪酬"科目贷方余额为120万元,12月份发生职工薪酬业务如下:

(1) 月初结算,上月应付职工薪酬120万元,其中收回代垫的职工医药费2万元,按规定代扣职工个人所得税6万元,个人应负担社会保险费16万元,通过银行转账发放职工薪酬96万元。

(2) 月末计算,分配本月货币性职工薪酬:① 工资支出共计144万元,其中车间生产工人84万元,车间管理人员16万元,行政管理人员20万元,专设销售机构人员24万元。② 由企业负担的社会保险费(不含基本养老保险和失业保险)共36万元,其中车间生产工人21万元,车间管理人员4万元,行政管理人员5万元,专设销售机构人员6万元。

(3) 月末,发生如下非货币性职工薪酬业务:企业为行政管理部门经理提供5辆免费使用的汽车,每辆汽车的月折旧额为0.15万元;以银行存款支付企业短期租住公寓的本月租金2.5万元(含税,全部计入当期费用),该公寓免费提供给财务部门业务主管使用。

要求:根据上述资料,不考虑其他因素,分析回答下列小题。

(1) 根据资料(1),下列各项中,该企业结算并发放上月职工薪酬的会计科目处理正确的是(    )。
  A. 收回代垫的职工医药费时,贷记"其他应付款"科目2万元
  B. 按规定代扣职工个人所得税时,贷记"应交税费——应交个人所得税"科目6万元
  C. 按规定代扣个人应负担的社会保险费时,贷记"其他应付款"科目16万元
  D. 结算并发放上月职工薪酬时,借记"应付职工薪酬"科目120万元

(2) 根据资料(2),下列各项中,该企业分配本月职工工资的会计处理结果正确的是(    )。
  A. 应付职工薪酬减少144万元
  B. 制造费用增加16万元
  C. 销售费用增加24万元
  D. 管理费用增加36万元

(3) 根据资料(2),下列各项中,该企业计提社会保险费的会计处理正确的是(    )。

  A. 借:生产成本                      210 000
       制造费用                       40 000
       管理费用                       50 000
       销售费用                       60 000
       贷:其他应付款                              360 000

  B. 借:应付职工薪酬——社会保险费      360 000
       贷:其他应付款                              360 000

  C. 借:管理费用                      360 000
       贷:应付职工薪酬——社会保险费                360 000

  D. 借:生产成本                      210 000
       制造费用                       40 000

　　　　　管理费用　　　　　　　　　　　　　　　　　50 000
　　　　　销售费用　　　　　　　　　　　　　　　　　60 000
　　　　贷：应付职工薪酬——社会保险费　　　　　　　360 000

（4）根据资料（3），下列各项中，该企业关于非货币性福利的会计处理正确的是（　　）。

　A. 计提免费使用的汽车折旧时：
　　　借：管理费用　　　　　　　　　　　　　　　　7 500
　　　　贷：累计折旧　　　　　　　　　　　　　　　　7 500
　B. 确认免费使用汽车的非货币性福利时：
　　　借：管理费用　　　　　　　　　　　　　　　　7 500
　　　　贷：应付职工薪酬　　　　　　　　　　　　　　7 500
　C. 支付短期租入公寓的租金时：
　　　借：应付职工薪酬　　　　　　　　　　　　　　25 000
　　　　贷：银行存款　　　　　　　　　　　　　　　25 000
　D. 将免费使用公寓的租金支出确认为费用时：
　　　借：财务费用　　　　　　　　　　　　　　　　25 000
　　　　贷：应付职工薪酬——非货币性福利　　　　　25 000

（5）根据期初资料及资料（1）至（3），该企业12月31日资产负债表"应付职工薪酬"项目"期末余额"栏应填列的金额是（　　）万元。

　A. 149　　　　　B. 144　　　　　C. 180　　　　　D. 188.25

## 四、判断能力训练

1. 应付职工薪酬包括职工在职期间和离职后提供给职工的全部货币性薪酬和非货币性福利，也包括解除劳务关系给予的补偿。（　　）

2. 企业为职工交纳的基本养老保险金、补充养老保险费，均属于企业提供的职工薪酬。（　　）

3. 应由企业负担的职工社会保险费、住房公积金等均应通过"应付职工薪酬"核算。（　　）

4. 工会开展活动及企业为职工进行培训的相关支出，应在发生时，按职工部门及岗位将支付金额记入成本或费用账户。（　　）

# 专业应用能力训练

## 训练一

**资料**　某公司2022年2月发生如下业务：

（1）本月应付职工工资总额为130万元，工资费用分配汇总表中列示的产品生产工人工资为 85 万元,车间管理人员工资为 10 万元,企业行政管理人员工资为 20 万元,销售人员工资为 5 万元,在建工程人员工资 10 万元。

(2) 按职工工资总额的 2% 和 8% 计提工会经费和职工教育经费。

(3) 本月工会开展新春联欢活动,支出工会经费 8 000 元,开出转账支票支付。

(4) 本月以银行存款支付行业专家对本公司人员的培训费用 6 000 元。

(5) 月末,计提应上交的工会经费 10 400 元及职工教育经费 6 500 元。

**要求** 编制上述业务会计分录。

### 训练二

**资料** 2022 年 5 月,某公司与职工薪酬有关的情况分别如下:

(1) 甲公司按照工资总额的标准分配工资费用,其中:生产工人工资为 1 000 000 元(160 人),车间管理人员工资为 200 000 元(16 人),总部管理人员工资为 300 000 元(20 人),专设销售部门人员工资为 100 000 元(60 人),在建工程人员工资为 50 000 元(10 人),内部开发人员工资为 350 000 元[符合资本化条件(150 人)]。

(2) 根据所在地政府规定,按照工资总额的 7%、19%、1%、10%、1%、0.8% 计提应由企业负担的医疗保险费、养老保险费、失业保险费、住房公积金、工伤保险和生育保险;按每人 5 元的标准计提大病统筹。

(3) 企业在扣除个人应负担的医疗保险费、养老保险费、失业保险费、住房公积金(比例分别为 2%、8%、0.5%、10%)和个人所得税 34 000 元后开出转账支票将工资转入职工个人工资卡。

**要求** 根据以上资料编制相关会计分录。

### 训练三

**资料** 昌达公司是一家服装加工企业,共有职工 238 人,其中直接参加生产的职工 200 人,总部管理人员 38 人。2022 年 10 月,公司以其生产成本为 60 元的保暖内衣套装作为中秋节福利发放给全体职工。保暖内衣套装售价为 100 元,昌达公司适用的增值税税率为 13%。

**要求** 根据以上资料编制相关会计分录。

### 训练四

填写并甄别相关原始凭证,写出相关会计分录(或填制相关记账凭证)。

1-1

## 环宇公司职工薪酬结算汇总表

2022 年 10 月 31 日　　　　　　　　　　　　　　　　　　　　　　　　　　　　单位:元

| 部门 | | 基本工资 | 岗位工资 | 各种补贴 | 生产奖金 | 应扣病事假工资 | 应付工资 | 代扣款项 | | | | | | 实发工资 |
|---|---|---|---|---|---|---|---|---|---|---|---|---|---|---|
| | | | | | | | | 养老保险 | 医疗保险 | 失业保险 | 住房公积 | 个人所得税 | 合计 | |
| 一车间 | 生产工人（A产品） | 42 000 | 7 400 | 3 800 | 4 200 | 860 | 56 540 | 2 590 | 1 600 | 650 | 920 | 360 | 6 120 | 50 420 |
| | 管理人员 | 21 000 | 2 800 | 1 300 | 3 500 | 290 | 28 310 | 1 350 | 800 | 230 | 460 | 170 | 3 010 | 25 300 |
| | 小计 | 63 000 | 10 200 | 5 100 | 7 700 | 1 150 | 84 850 | 3 940 | 2 400 | 880 | 1 380 | 530 | 9 130 | 75 720 |
| 二车间 | 生产工人（B产品） | 28 000 | 4 800 | 2100 | 2 750 | 710 | 36 940 | 2 100 | 1 000 | 580 | 610 | 230 | 4 520 | 32 420 |
| | 管理人员 | 12 000 | 1 600 | 900 | 1 400 | 330 | 15 570 | 1 530 | 600 | 260 | 260 | 80 | 2 730 | 12 840 |
| | 小计 | 40 000 | 6 400 | 3 000 | 4 150 | 1 040 | 52 510 | 3 630 | 1 600 | 840 | 870 | 310 | 7 250 | 45 260 |
| 三车间 | 生产工人（C产品） | 36 000 | 6 000 | 3 200 | 3 500 | 280 | 48 420 | 2 750 | 1 500 | 6 620 | 790 | 300 | 5 960 | 42 460 |
| | 管理人员 | 28 000 | 3 000 | 1 700 | 1 350 | — | 34 050 | 1 420 | 1 100 | 270 | 610 | 270 | 3 670 | 30 380 |
| | 小计 | 64 000 | 9 000 | 4 900 | 4 850 | 280 | 82 470 | 4 170 | 2 600 | 890 | 1 400 | 570 | 9 630 | 72 840 |
| 专设销售部门 | | 15 000 | 1 800 | 1 000 | 1 600 | — | 19 220 | 1 150 | 750 | 360 | 330 | 240 | 2 830 | 16 390 |
| 在建工程 | | 6 800 | 860 | 600 | 500 | 80 | 8 680 | 440 | 250 | 130 | 140 | 100 | 1 060 | 7 620 |
| 管理部门 | | 56 000 | 9 500 | 5 200 | 5 500 | 2 300 | 73 900 | 420 | 3 180 | 850 | 1 230 | 480 | 9 980 | 63 920 |
| 合计 | | 244 800 | 37 760 | 19 800 | 24 300 | 5 030 | 321 630 | 17 570 | 10 780 | 3 950 | 5 350 | 2 230 | 39 880 | 281 750 |

2-1

## 环宇公司社会保险费计提表

2022 年 10 月 31 日　　　　　　　　　　　　　　　　　　　　　　　　　　　　单位:元

| 车间及部门 | | 应付职工薪酬 | 养老保险（19%） | 医疗保险（8%） | 失业保险（0.5%） | 生育保险（0.5%） | 工伤保险（0.4%） | 住房公积金（10%） |
|---|---|---|---|---|---|---|---|---|
| 一车间 | A产品工人 | | | | | | | |
| | 车间管理人员 | | | | | | | |
| 二车间 | B产品工人 | | | | | | | |
| | 车间管理人员 | | | | | | | |
| 三车间 | C产品工人 | | | | | | | |
| | 车间管理人员 | | | | | | | |
| 专设销售部门 | | | | | | | | |
| 在建工程 | | | | | | | | |
| 行政管理部门 | | | | | | | | |
| 合　　计 | | | | | | | | |

3-1

## 工会经费、职工教育经费计算表

2022 年 10 月 31 日　　　　　　　　　　　　　　　　　　　　　　　单位：元

| 车间及部门 | | 应付职工薪酬 | 工会经费(2%) | 职工教育经费(8%) | 合计 |
|---|---|---|---|---|---|
| 一车间 | A 产品工人 | | | | |
| | 车间管理人员 | | | | |
| 二车间 | B 产品工人 | | | | |
| | 车间管理人员 | | | | |
| 三车间 | C 产品工人 | | | | |
| | 车间管理人员 | | | | |
| 专设销售部门 | | | | | |
| 在建工程 | | | | | |
| 行政管理部门 | | | | | |
| 合　　计 | | | | | |

4-1

**中国银行
转账支票存根**

支票号码：NO 20003602

附加信息

＿＿＿＿＿＿＿＿＿＿＿＿＿＿＿
＿＿＿＿＿＿＿＿＿＿＿＿＿＿＿

出票日期　2022 年 11 月 9 日

收款人：本公司

金额：¥281 750.00

用途：支付工资

单位主管　方泊　　会计　马红

5-1

## 职工困难补助申请表（代现金收据）
2022年12月5日

| 申请人姓名 | 文红英 | 所在部门 | 装配车间 |
|---|---|---|---|
| 申请金额 | 壹仟元整 | 平均生活费 | |
| 申请理由 | 爱人下岗，女儿病重 | | 现金付讫 |
| 工会小组意见 | 情况属实，建议补助壹仟元整 | 厂工会批示 | 同意工会小组意见 | 人民币(大写)壹仟元整 签收：文红英 |

# 拓展阅读与训练

案例资料

### 杨元庆一天挣 25 万元成内地打工皇帝

根据联想集团公布的2011年财报，联想集团董事局主席兼CEO杨元庆，2010年的薪酬达到了创纪录的1 422万美元，约合9 000万元人民币，比上一财年上涨了近20%。即使不算工作日，按一年365天计算，杨元庆一天就能挣到24.6万元。

联想集团2011至2012财年的财报显示，杨元庆的基本薪金为107万美元，表现奖金为517万美元，长期激励为775万美元，退休福利为11万美元，其他福利12万美元，总计1 422万美元，较上一财年1 189万美元的薪酬上涨近20%。

杨元庆9 000万元人民币的年薪，虽然和李嘉诚旗下和记黄埔的董事总经理霍建宁高达1.7亿港元的年薪仍有差距，但这也足以让身为CEO的杨元庆成为中国内地的"打工皇帝"。

案例思考

分析其薪金构成并尝试了解其会计核算方法。

## 任务四 核算应交税费

### 知识认知能力训练

#### 一、单项选择能力训练

1. 下列有关增值税一般纳税人应纳增值税额的计算,正确的是( )。
   A. 本期应交增值税 = 当期销售额×增值税税率
   B. 简易计税方法:本期应交增值税 = 当期销售额×征收率
   C. 一般计税方法:本期应交增值税 = 当期销项税额 – ( 当期进项税额 – 进项税额转出)
   D. 本期应交增值税 = 当期应纳税所得额×增值税税率

2. 某增值税一般纳税企业收购免税农产品一批,按规定买价的9%准予抵扣,购买时实际支付价款86 000元,这一业务使企业"应交税金———应交增值税(进项税额)"账户借方增加( )元。
   A. 0  B. 7 740  C. 8 600  D. 7 100.92

3. 某增值税一般纳税企业购入一批商品,进货价格为80万元,增值税进项税额为10.4万元,所购商品到达后验收发现商品短缺30%,其中合理损失5%,另25%的短缺尚待查明原因,该商品应计入存货的实际成本为( )万元。
   A. 70.2  B. 56  C. 80  D. 60

4. 企业交纳本期应交增值税,应通过( )科目核算。
   A. "应交税费———未交增值税"
   B. "应交税费———应交增值税(进项税额)"
   C. "应交税费———应交增值税(进项税额转出)"
   D. "应交税费———应交增值税(已交税金)"

5. 下列事项发生后,会涉及"应交税费———应交增值税(进项税额转出)"科目的是( )。
   A. 将原材料用于厂房建造
   B. 将原材料用于对外投资
   C. 将产成品用于不动产相关设施安装工程
   D. 已完工产成品发生非正常损失

6. 对于一般纳税人来说,下列各项税金应计入相关资产成本的是( )。
   A. 以自产产品对外投资应交的增值税
   B. 购入厂房支付的增值税

C. 委托外单位加工物资随同加工费支付的增值税税额

D. 购买商标权支付的增值税税额

7. 某工业企业为小规模纳税人,本期购入原材料一批,取得增值税专用发票上注明原材料价款为 200 000 元,增值税税额为 26 000 元;支付运费 1 200 元,增值税税额为 108 元,已取得运费增值税专用发票。材料尚未到达,应计入材料采购账户的金额为( )元。

  A. 201 200    B. 226 000    C. 227 200    D. 227 308

8. 增值税小规模纳税人在月份终了,交纳本月应交未交的增值税的会计处理正确的是( )。

  A. 借记"应交税费———应交增值税"明细科目

  B. 借记"应交税费———未交增值税"明细科目

  C. 冲减"应交税费———应交增值税(销项税额)"明细科目

  D. 借记"应交税费———应交增值税(已交税金)"明细科目

9. 应交消费税的委托加工物资收回后用于连续生产应税消费品的,按规定准予抵扣的由受托方代扣代缴的消费税,应当计入( )。

  A. 生产成本      B. 应交税费———应交消费税

  C. 主营业务成本     D. 委托加工物资

10. 某企业为增值税一般纳税人,2022 年实际已交纳税费情况如下:增值税 850 万元,消费税 150 万元,城市维护建设税 70 万元,车船使用税 0.5 万元,印花税 1.5 万元,所得税 120 万元。上述各项税费应记入"应交税费"科目借方的金额是( )万元。

  A. 1 190    B. 1 190. 5    C. 1 191. 5    D. 1 192

11. 企业按规定计算应交的教育费附加,借记"税金及附加"科目,贷记的会计科目是( )。

  A. "其他应交款"      B. "其他应付款"

  C. "应交税费"       D. "其他应收款"

12. 企业转让土地使用权应交的土地增值税,如果土地使用权在"无形资产"科目核算的,正确的会计处理方法是( )。

  A. 按实际收到的金额,借记"银行存款"科目;按应交的增值税,贷记"应交税费———应交增值税(销项税额)",按应交的土地增值税,贷记"应交税费———应交土地增值税"科目,同时冲销土地使用权的账面价值,贷记"无形资产"科目;按其差额,借记"营业外支出"科目或贷记"营业外收入"科目

  B. 借记"固定资产清理"科目,贷记"应交税费———应交土地增值税"科目

  C. 借记"在建工程"科目,贷记"应交税费———应交土地增值税"科目

  D. 借记"营业外支出"科目,贷记"应交税费———应交土地增值税"科目

13. 企业出售固定资产应交的增值税,应借记的会计科目是( )。

  A. "税金及附加"      B. "固定资产清理"

  C. "营业外支出"      D. "其他业务成本"

## 二、多项选择能力训练

1. 增值税的计征范围有( )。
   A. 销售货物
   B. 销售房屋
   C. 提供加工修理修配劳务
   D. 提供交通运输业劳务

2. 下列选项属于增值税应税范围的有( )。
   A. 进口货物
   B. 提供装卸仓储服务
   C. 转让商标权
   D. 提供广告及会议服务

3. 下列选项属于增值税应税范围的有( )。
   A. 房产公司销售及租赁房屋
   B. 会计师事务所提供咨询服务
   C. 广告公司提供广告服务
   D. 租赁公司提供机器租赁服务

4. 下列企业属于一般纳税人的有( )。
   A. 年应税销售额在500万元以上的工业企业
   B. 年应税销售额在500万元以上的商业企业
   C. 年应税销售额在500万元以上的交通运输公司
   D. 年应税销售额在80万元以上的现代服务业企业

5. 下列选项属于一般纳税人增值税税率的有( )。
   A. 13%　　　　B. 3%　　　　C. 9%　　　　D. 6%

6. 一般纳税人设置的"应交税费———应交增值税"多栏式明细账的栏目有( )。
   A. 销项税额　　B. 进项税额转出　　C. 出口退税　　D. 已交税金

7. 下列各项业务中所支付的增值税,按规定能够作为进项税额予以抵扣的有( )。
   A. 一般纳税人采购生产用原材料,取得的增值税专用发票上注明的增值税税额
   B. 一般纳税人采购生产用原材料,取得普通发票上发票金额经价税分解后计算确定的增值税额
   C. 一般纳税人购入生产用设备,取得的增值税专用发票上注明的增值税税额
   D. 一般纳税人支付委托加工物资的加工费时,取得的增值税专用发票中注明的增值税税额

8. 下列行为,应视同销售必须计算增值税销项税额的有( )。
   A. 将自产或委托加工货物对外捐赠
   B. 将自产或委托加工的货物用于发放职工福利
   C. 在建工程领用外购材料
   D. 将自产或委托加工货物对外投资

9. 企业发生下列税金,不应计入管理费用的有( )。
   A. 房产税　　B. 耕地占用税　　C. 土地使用税　　D. 车船使用税

10. 下列税费不应记入"管理费用"科目的有( )。
    A. 车船使用税　　B. 土地使用税　　C. 车辆购置税　　D. 印花税

11. 企业所发生的下列税费,应记入"税金及附加"科目的有( )。
    A. 企业出售不动产应交的增值税
    B. 企业出售商标权应交的增值税

C. 企业出租房屋应交的增值税  
D. 企业出售商品时应交的消费税

12. 企业按规定交纳增值税的项目有(　　)。
    A. 销售商品取得收入
    B. 销售不动产取得收入
    C. 转让土地使用权取得收入
    D. 提供交通运输劳务取得收入

13. 下列税金,应计入企业固定资产价值的有(　　)。
    A. 房产税
    B. 车船税
    C. 车辆购置税
    D. 耕地占用税

14. 下列应计入相关资产成本的有(　　)。
    A. 以自产应税消费品对外投资应交的消费税
    B. 进口应税消费品应交的消费税
    C. 委托加工应税消费品(收回后直接销售)由受托方代扣代交的消费税
    D. 委托加工应税消费品(收回后用于连续加工)由受托方代扣代交的消费税

### 三、判断能力训练

1. 某企业为小规模纳税企业,销售产品一批,含税价格206 000元,增值税征收率3%,该批产品应交增值税为6 000元。(　　)
2. 企业购进办公楼建造工程所需物资支付的增值税税款,应计入"应交税费——应交增值税(进项税额)"科目。(　　)
3. 企业自产产品因管理不善造成变质损失,应视同销售,计算增值税销项税额。(　　)
4. 转让无形资产所有权及使用权都属于增值税应税范围。(　　)
5. 对于当月销项税额小于进项税额而形成的留抵税额,月末借记"应交税费——未交增值税"科目,贷记"应交税费——应交增值税(转出多交增值税)"科目(　　)
6. 消费税计征方法有从价定率、从量定额,及从价定率和从量定额复合计征。(　　)
7. 增值税是价外税,消费税是价内税,但二者都属于流转税。(　　)
8. 企业转让土地使用权应交的土地增值税,土地使用权与地上建筑物及其附着物一并在"固定资产"等科目核算的,应借记"固定资产清理"科目,贷记"应交税费——应交土地增值税"科目。(　　)
9. 企业用应税消费品对外投资取得股权,可对被投资企业产生重大影响的,按规定缴纳的消费税,应记入"长期股权投资"科目。(　　)
10. 企业所交的各种税金,都应通过"应交税费"科目核算。(　　)
11. 企业应按实际交纳的流转税总额的一定比例计算交纳应交的教育费附加。(　　)
12. 对外销售的应税产品应缴纳的资源税记入"税金及附加"科目,自产自用应税产品应该缴纳的资源税应记入"生产成本"或"制造费用"等科目中。(　　)

# 专业应用能力训练

## 训练一

**计算题**

1. 某一般纳税人购进免税农产品一批,以银行存款支付购买价款 80 万元,增值税扣除率为 9%,另外发生不含税运费 1 万元,不含税装卸费 1.4 万元,运费增值税税率为 9%,装卸费增值税税率为 6%。

**要求** 计算该批农产品的采购成本。

2. 某增值税一般纳税企业因仓库长时间潮湿,仓储部门未能及时发现并处理导致一批库存材料霉烂变质,该批原材料实际成本为 20 000 元,收回残料价值 900 元,保险公司赔偿 11 500 元,该企业购入材料的增值税税率为 13%。

**要求** 计算该批材料造成的非常损失净额。

## 训练二

**资料** 甲企业为一般纳税人,2022 年 12 月发生如下经济业务:

(1)购入甲材料一批,增值税专用发票上注明的原材料价款为 50 000 元,增值税为 6 500 元;供货方代垫运费 4 000 元,增值税 360 元。材料已验收入库,货款尚未支付。

(2)从 A 企业(小规模纳税人)购入乙材料一批,含税价款为 23 200 元,材料已到达并验收入库。开出为期 2 个月的商业承兑汇票一张。

(3)购置生产用机器设备一台,发票上注明的价款为 60 000 元,增值税为 7 800 元;运输费 1 800 元,增值税 162 元。不需要安装,价款及运费全部以转账支票付讫。

(4)因洪灾毁损原材料 10 000 元,增值税为 1 300 元。

(5)销售产品一批,价款为 200 000 元,增值税为 26 000 元,开出增值税专用发票,款项收存银行。

(6)在建工程领用生产用原材料一批,价款为 8 000 元,增值税为 1 040 元。

(7)接收 H 公司投资转入的原材料一批,价款为 7 000 元,增值税为 910 元,取得 H 公司开来的增值税专用发票。

(8)企业出售一项商标权,取得收入 200 000 元(不含税),商标权账面原值 250 000 元,计提累计摊销为 100 000 元,未计提无形资产减值准备,增值税税率为 6%,价款收存银行,出售商标权已办妥手续。

**要求**

(1)根据以上业务,编制会计分录。

(2)假设该企业上月无留抵的进项税额,计算当月应交增值税,并编制月末结转的会计分录。

## 训练三

**资料** 某企业为小规模纳税人,本月发生如下经济业务:

(1)购入 A 材料,专用发票上注明的买价为 60 000 元,增值税税额为 7 800 元,材料已到达并验收入库,款项尚未支付。

(2) 销售产品一批,开出普通发票,含税价款为 61 800 元,款已收存银行。
(3) 以银行存款缴纳本月应交增值税。

**要求** 根据以上业务做出相应会计处理。

### 训练四

**资料** 某企业为增值税一般纳税人,本月发生有关消费税、增值税的经济业务如下:
(1) 企业出售旧厂房一幢,共得价款 600 000 元,增值税征收率为 5%,价款收存银行,计算结转应交增值税。
(2) 企业出售一项土地使用权(该项土地使用权作为投资性房地产核算),该土地使用权取得成本 80 000 元,已摊销 30 000 元,取得收入 200 000 元,增值税征收率为 5%,计算应交增值税。
(3) 委托外单位加工材料一批,发出原材料实际成本 60 000 元,以存款支付加工费 5 700 元,增值税 741 元,受托方代扣代缴消费税 7 300 元,收回的加工材料用于继续生产应税消费品。
(4) 销售产品(消费税应税产品)取得销售收入 800 000 元,增值税税率为 16%,价款收存银行。计算结转本月销售产品应交的消费税,消费税税率 10%。

**要求** 编制有关的会计分录。

### 训练五

**资料** 某企业为增值税一般纳税人,本月份发生有关经济业务如下:
(1) 购置企业生产经营用汽车一辆,买价 280 000 元,增值税为 36 400 元,相关费用 10 000 元,均以存款支付,另以存款交纳车辆购置税 25 641 元。
(2) 对外转让一栋厂房,根据税法规定计算的应交土地增值税为 15 000 元。
(3) 以现金一次性购买印花税票 1 260 元。
(4) 计算全年应交的房产税 3 600 元,并用银行存款支付。
(5) 企业本月实际应交增值税 600 000 元,消费税 60 000 元,城市维护建设税税率为 7%,教育费附加征收率为 3%。计算企业本月应交的城市维护建设税和教育费附加。

**要求** 编制有关的会计分录。

### 训练六

**资料** 长江公司为增值税一般纳税人,增值税税率为 13%,消费税税率为 10%。2022 年 12 月 31 日"应交税费——应交增值税"科目借方余额为 18 万元,该借方余额可用下月的销项税额抵扣。材料按实际成本核算。2023 年 1 月发生如下业务:
(1) 从甲公司购入生产用的 A 原材料一批,取得的增值税专用发票上注明的材料价款为 500 万元,增值税税款为 65 万元,货款已经支付。在购入材料过程中向铁路部门支付运费 5 万元,增值税税款为 0.45 万元。A 原材料已到达并验收入库。
(2) 用 A 原材料对乙公司投资。该批材料的实际成本为 50 万元,经协议,以作价 60 万元的 A 材料换取乙公司 8% 的股权。长江公司取得乙股权后,对乙公司具有重大影响。有关资产转让及产权登记手续已办理完毕。假设该批原材料的计税价格也为 60 万元。

（3）销售应税消费品 B 产品一批，不含增值税的销售价格为 800 万元，实际成本为 680 万元，提货单和增值税专用发票已交购货方，货款尚未收到。该销售已符合收入确认条件。

（4）本期建造厂房领用生产用 A 原材料 40 万元，其购入时支付的增值税为 5.2 万元。该工程同时又领用本公司生产的应税消费品 B 产品，该产品实际成本 75 万元，计税价格 90 万元。

（5）将自产应税消费品 B 产品一批发放给生产工人作为节日福利，该批产品实际成本为 80 万元，计税价格为 96 万元，产品已发放完毕。

（6）收回委托加工的 C 原料一批并验收入库，C 原料系消费税的应税物品。该委托加工材料系上月发出，发出原材料的成本为 15.2 万元。本期收回时以银行存款支付受托加工企业加工费 2.8 万元（不含增值税），同时支付其代收代缴的消费税，但受托加工企业无与 C 原材料同类的物品。收回委托加工的 C 原材料用于生产应税产品 B 产品。

**要求**

（1）根据上述资料编制长江公司有关经济业务的会计分录（不考虑除增值税、消费税以外的其他税费）。

（2）计算本月应交增值税额和应交消费税。

### 训练七

**资料** 甲公司是一般纳税人，主营产品生产与销售，基本税率 13%，2022 年 12 月发生如下业务（全部用银行存款收付）：

（1）5 日，入库原材料一批，收到增值税专用发票 1 份，不含税金额 200 万元，税额 26 万元，已经认证。

（2）6 日，入库原材料一批，不含税金额 100 万元，税额 13 万元，同时收到海关代扣增值税缴款书，海关缴款书已经申请稽核但尚未取得稽核相符结果。

（3）8 日，申报缴纳上月增值税 29 万元，城建税 2.03 万元，教育费附加 1.45 万元。

（4）10 日，海关缴款书稽核相符。

（5）15 日，购买用于职工食堂的设备一台，收到增值税专用发票 1 份，不含税金额 1 万元，税额 0.13 万元，已经认证。

（6）17 日，购入一套写字间，取得增值税专用发票，价款 1 000 万元，增值税税额 90 万元。

（7）18 日，企业对厂房进行改建，领用已抵扣进项税额的原材料 5 万元作为装修材料（该装修材料已抵扣增值税 0.65 万元）。

（8）20 日，购入一批原材料，协议规定价格 113 万元（含税），材料已于当月验收入库，但尚未取得发票，也未付款。

（9）20 日，销售产品 800 万元，增值税 104 万元。

（10）22 日，处置一台小轿车，该车系该企业于 2012 年 1 月购入，原值 100 000 元，已计提折旧 80 000 元，处置价 10 300 元。

（11）23 日，将一批自产饮料发给职工作为防暑降温费，饮料市场价 10 万元，成本 8 万元。其中：生产工人 50%，车间主任 10%，厂部管理人员 40%。

（12）25 日，销售以前在公开市场购入恒大地产股票 10 万股（成本 100 万元，公允价值变动 5 万元），售价每股 15 元，假设不考虑其他因素。

（13）购入国外企业的专利权，价税合计 106 万元，由本企业代扣代缴增值税。

（14）27日,将一幢2018年4月取得的厂房对外进行经营出租,选择简易征收方式。于当日收到2022年房租10万元(每月1万元,含税),并给承租方开具了全额增值税专用发票。

（15）把20日购入的原材料估价入账。

（16）28日,结转本月应交未交的增值税,计提应交的城建税、教育费附加。

**要求** 写出相关会计分录。

## 训练八

填写并甄别相关原始凭证,写出相关会计分录(或填制相关记账凭证)。

**1-1**

### 江苏省增值税专用发票

NO 005693612

开票日期:2022年11月25日

| 购货单位 | 名称 | 江苏环宇公司 | | | | 密码区 | 67/ * +3*0/611 *++0/+0*/* *<br>3+2/9*11 ** +66666 ** 066611 *+<br>66666 *1 ** + 216 *** 6000 * 261<br>* 2 * 4/ * 547203994 + - 42 * 64151<br>* 6915361/3 * |  |  |
|---|---|---|---|---|---|---|---|---|---|
| | 纳税人识别号 | 320303001119928 | | | | | | | |
| | 地址、电话 | 徐州市建国路180号 | | | | | | | |
| | 开户银行及账号 | 中行徐州分行 740108320311 | | | | | | | |
| 货物或应税劳务名称 | | 规格型号 | 单位 | 数量 | 单价 | 金额 | 税率 | 税额 |
| 广告发布费 | | | | | | 6 000.00 | 6% | 360.00 |
| 合计 | | | | | | 6 000.00 | | 360.00 |
| 价税合计(大写) | | 陆仟叁佰陆拾元整 | | | (小写) ¥6 360.00 | | | |
| 销货单位 | 名称 | 徐州彭飞公司 | | | | 备注 | | |
| | 纳税人识别号 | 3203021679955 | | | | | | |
| | 地址、电话 | 徐州市西安路208号 | | | | | | |
| | 开户银行及账号 | 工商银行新区支行 4222304185 | | | | | | |

收款人:张灿    复核:李琴    开票人:谭胜    销货单位:(章)

(抵扣联略)

**1-2**

### 中国银行
### 转账支票存根

支票号码:NO 20003602

附加信息

出票日期  2022年11月25日

收款人: 徐州彭飞公司

金额: ¥6 360.00

用途: 付广告费

单位主管  方泊    会计  马红

## 拓展阅读与训练

大发工厂是增值税一般纳税人。2022年11月20日市税务二分局对该厂进行纳税检查,发现下列事项:

该厂正在施工建设一幢职工宿舍楼。"在建工程"账户中记录的一笔业务为:2022年7月12日,从大发物资公司购进螺纹钢600 000元。但在核对其他相关账户时并未发现该笔业务,进一步检查会计凭证,该企业在记账凭证中所做的会计分录为:

借:在建工程——职工宿舍楼(螺纹钢)　　　　　　　　　600 000
　　贷:库存商品——水泥　　　　　　　　　　　　　　　　　600 000

所附原始凭证有三张:一是水泥销售普通发票,二是购进螺纹钢普通发票,三是工程物资仓库收料单。金额均为600 000元。

大发工厂当时所产水泥的成本为每吨102元,不含税售价为150元。

(1) 大发工厂对该事项的处理存在哪些问题?
(2) 这笔交易事项是否属于非货币性交易?应当如何处理?
(3) 对大发工厂的错误做法,会计上如何更正?税务局如何处置?

## 任务五　核算其他流动负债

### 知识认知能力训练

#### 一、单项选择能力训练

1. 下列项目中,属于其他应付款核算范围的是(　　)。
   A. 职工未按期领取的工资　　　　B. 应付租入使用权资产租赁负债
   C. 应付的客户存入保证金　　　　D. 代扣应交由职工个人负担的社会保险费
2. 下列各项中,通过"其他应付款"科目核算的是(　　)。
   A. 应付采购材料的价款　　　　　B. 应交的教育费附加
   C. 应付低价值资产租赁的租金　　D. 应付的职工福利费

## 二、判断能力训练

1. 董事会通过的拟分配现金股利和股票股利,应贷记"应付股利"科目。（　　）
2. 企业股东大会通过的利润分配方案中拟分配的现金股利和利润,企业不需要进行账务处理。（　　）
3. 企业宣告发放的现金股利和股票股利,均应通过"应付股利"科目核算。（　　）

# 专业应用能力训练

### 训练一

**资料**　甲公司向乙公司租入生产用设备一台,租期6个月,月租金2 000元,增值税税率为13%,到期一次支付租金,并取得乙公司所开具的增值税专用发票。

**要求**　编制甲公司月末计提租金费用及到期支付租金的会计分录。

### 训练二

**资料**　甲公司2022年年初未分配利润20万元,年末实现净利润260万元,股东代表大会批准的利润分配方案决定:按净利润的10%提取法定盈余公积金;按20%提取任意盈余公积金;同时决定分配现金股利120万元。

**要求**　编制有关的会计分录。

# 项目十

# 记录非流动负债、明确长期义务

## 任务一 核算长期借款

### 知识认知能力训练

#### 一、单项选择能力训练

1. 如果企业的长期借款属于筹建期间,且不符合资本化条件,则其利息费用应记入的科目是( )。
   A. "管理费用"  B. "长期待摊费用"  C. "财务费用"  D. "在建工程"
2. 下列应付利息支出,应予以资本化的是( )。
   A. 为生产经营活动而发生的长期借款利息
   B. 短期借款利息
   C. 可直接归属于符合资本化条件的资产的购建或者生产的借款利息
   D. 清算期间发生的长期借款利息
3. 某企业 2022 年 1 月 1 日向银行借入 1 000 万元,借款利率为 8%,借款期限为 3 年,每年年末偿还借款利息。该项借款全额用于建造厂房,厂房于 2022 年 1 月 1 日开工,假设 2023 年 3 月 31 日完工,并办理了竣工结算手续,则该厂房的入账价值为( )万元。
   A. 1 020  B. 1 160  C. 1 100  D. 1 240

#### 二、多项选择能力训练

1. 下列项目属于非流动负债的有( )。
   A. 应付债券  B. 长期借款  C. 长期应付款  D. 应付账款
2. 下列对长期借款利息费用的处理,正确的有( )。
   A. 筹建期间不符合资本化条件的借款利息直接计入管理费用
   B. 筹建期间符合资本化条件的利息费用计入相关资产的成本

C. 生产经营期间不符合资本化条件的借款费用计入财务费用
D. 生产经营期间符合资本化条件的借款利息计入相关资产成本

### 三、判断能力训练

1. 非流动负债是指偿还期限在一年或超过一年的一个营业周期以上的债务,所以超过一年未偿还的应付账款、短期借款等也应列为非流动负债。(    )

2. 企业为购建固定资产而取得专门借款所发生的长期负债费用,应予以资本化,列入固定资产购建成本。(    )

3. 企业将于一年内到期的非流动负债,按照规定,在资产负债表中应作为流动负债反映。(    )

## 专业应用能力训练

### 训练一

**资料** 某公司为新建生产线,于 2021 年 1 月 1 日向中国银行市分行取得 3 年期借款 1 000 万元,款划存银行存款户;年利率 6%,每年年末支付借款利息;该企业取得借款后将其款项一次性全部投入工程,各年利息均于年末以存款支付,借款和最后一期利息在借款到期时以银行存款偿清。工程于 2021 年 1 月 1 日开工,至 2023 年 9 月 30 日完工,并达到预定可使用状态。

**要求** 试编制借款取得、使用、年末计息、年末付息、工程竣工达到预定可使用状态计提利息、完工、最后一期利息计提以及到期归还本金及利息的会计分录。

## 拓展阅读与训练

案例资料

### 8 064 万利息是否应该资本化

1998 年 4 月 29 日,重庆渝港钛白粉有限公司(以下简称渝钛白)公布了 1997 年度报告,其中在财务报告部分,刊登了重庆会计师事务所于 1998 年 3 月 8 日出具的否定意见审计报告。这是我国证券市场上有关上市公司的首份否定意见审计报告。该份审计报告一经宣布,立即在平静的中国证券市场上掀起了一场"风暴",渝钛白怎么了?发表该份审计报告的重庆会计师事务所怎么了?连篇累牍的评论文章纷纷聚焦在这件事情上。事实上,这份不同凡响的审计报告,确实对我国的证券市场以及相关的会计、审计行业都有着巨大的理论与现实意义。

一般来说,在注册会计师出具的审计报告中,无保留意见审计报告或保留意见审计报告较为常见,发表否定意见的审计报告则很少见到,无论是注册会计师还是被审计单位,都不希望发表此类意见的审计报告。与无保留意见审计报告不同,审计报告表示否定意见就意味着会计报表的表达是不公允、不客观的,会计报表的可靠性是不值得信赖的。

报告指出:"1997年度应计入财务费用的借款即应付债券利息8 064万元,贵公司将其资本化计入了钛白粉工程成本;欠付中国银行重庆市分行的美元借款利息89.8万元(折合人民币743万元),贵公司未计提入账,两项共影响利润8 807万元。我们认为,由于本报告第二段所述事项的重大影响,贵公司1997年12月31日资产负债表、1997年度利润及利润分配表、财务状况变动表未能公允地反映贵公司1997年12月31日财务状况和1997年度经营成果及资金变动情况。"

渝钛白公司的总会计师认为:一般的基建项目,建设完工即进入投资回收期,当年就开始产生效益。但钛白粉工程项目不同于一般的基建项目。这是基于两个方面的因素:一方面,钛白粉这种基础化工产品不同于普通商品,对各项技术指标的要求非常严格,需要通过反复试生产,逐步调整质量、消耗等指标,直到生产出合格的产品才能投放市场;而试生产期间的试产品性能不稳定,是不能投放市场的。另一方面,原料的腐蚀性很重,如生产钛白粉的主要原料硫酸,一旦停工,则原料淤积于管道、容器中,再次开车前,就必须进行彻底的清洗、维护,并调试设备,年报中披露的900万元亏损中很大一笔就是设备整改费用。因此总会计师总结说,钛白粉项目交付使用进入投资回报期、产生效益前,还有一个过渡期,即整改和试生产期间,这仍属于工程在建期。也就是说,公司在1997年年度年报中,将8 064万元的项目建设期借款的应付债券利息计入工程成本是有依据的。

**案例思考**

请结合会计准则,讨论这8 046万元利息是否可以资本化。

## 任务二 核算应付债券

# 知识认知能力训练

## 一、单项选择能力训练

1. 就发行债券的企业而言,所获得的债券溢价收入实质是( )。
   A. 为以后少付利息而付出的代价　　B. 为以后多付利息而得到的补偿
   C. 为以后少得利息而得到的补偿　　D. 债券发行费用
2. 溢价发行债券是债券的票面利率( )市场利率。
   A. 低于　　　　B. 高于　　　　C. 等于　　　　D. 无关于

3. 某企业于2022年1月1日发行4年期企业债券1 000 000元,实际收到发行价款952 520元。该债券票面年利率为5%,实际利率为6%,到期一次还本付息。2022年该企业对于该债券应确认的财务费用为(　　)元。

  A. 57 151.2　　　　B. 60 000　　　　C. 57 031.2　　　　D. 47 526

## 二、多项选择能力训练

1. "应付债券"账户应设置的明细账户包括(　　)。
  A. 面值　　　　B. 利息调整　　　　C. 债券损益　　　　D. 应计利息
2. "应付债券"账户贷方反映的内容有(　　)。
  A. 债券的面值
  B. 债券发行时产生的债券溢价
  C. 到期一次还本付息的债券期末计提的债券利息
  D. 债券发行时产生的债券折价

## 三、判断能力训练

1. 当债券票面利率高于发行时的市场利率时,债券会溢价发行;反之,债券会折价发行。(　　)
2. 债券发行企业发行债券,因溢价多得的收入,实质上是在债券到期前对企业各期多付利息的一种补偿,也是对债券利息费用的一项调整。(　　)

# 专业应用能力训练

### 训练一

  **资料**　A企业于2020年7月1日发行三年期、到期一次还本付息、年利率为8%(不计复利)、发行面值总额为4 000万元的债券,实际利率为8%,该债券按面值发行。A企业发行债券所筹资金全部用于建造固定资产,至2022年12月31日工程完工,建造期间发生的利息费用全部符合资本化的条件。2023年7月1日,A企业偿还债券本金和利息。

  **要求**　编制相应的会计分录。

### 训练二

  **资料**　甲公司2020年1月1日发行3年期面值为100万元、票面利率为8%、到期一次还本付息的企业债券,实际利率为5.367%,实际发行价格为106万元。所筹集到的资金全部用于生产经营活动,2023年1月1日到期偿还本金和利息。

  **要求**　试做出相应的会计分录(假设不考虑发行费用)。

### 训练三

**资料** 甲公司为生产经营需要,于 2020 年 1 月 1 日发行 3 年期面值为 100 万元、票面利率为 8%、到期一次还本、每年年初支付利息的企业债券,实际利率为 10%,发行价格为 95 万元;2023 年 1 月 1 日到期偿还本金及最后一期的利息。

**要求** 试做出相应的会计分录(假设不考虑发行费用)。

## 任务三 核算长期应付款

### 知识认知能力训练

#### 一、单项选择能力训练

下列选项属于长期应付款核算内容的是(　　)。
A. 以分期付款方式购入固定资产、无形资产等发生的应付款项
B. 应付经营租入固定资产的租赁费
C. 应交的城市维护建设税
D. 尚未支付的购入原材料价款

#### 二、多项选择能力训练

"长期应付款"科目核算的内容主要有(　　)。
A. 应付经营租入固定资产的租赁费　　B. 以补偿贸易形式引进设备款
C. 应付融资租入固定资产的租赁费　　D. 无法支付的应付账款

# 项目十一

## 记录投入资本、核算留存收益

### 任务一 核算实收资本和资本公积

**知识认知能力训练**

#### 一、单项选择能力训练

1. 企业所有者权益在数量上等于（　　）。
   A. 企业流动负债减长期负债后的差额
   B. 企业流动资产减流动负债后的差额
   C. 企业长期负债减流动负债后的差额
   D. 企业全部资产减全部负债后的差额
2. 股份有限公司发行股票的溢价收入应计入（　　）。
   A. 资本公积　　　B. 实收资本　　　C. 营业外收入　　　D. 盈余公积
3. 股份有限公司溢价发行股票所支付的手续费，应首先（　　）。
   A. 在溢价收入中支付
   B. 计入长期待摊费用
   C. 由发起人负担
   D. 计入财务费用
4. 公司在增资时，新的投资者交纳的出资额大于其在注册资本中所占的份额部分，应计入（　　）。
   A. 实收资本　　　B. 股本　　　C. 资本公积　　　D. 盈余公积
5. 甲股份有限公司以银行存款回购本公司股票时，应借记的会计科目是（　　）。
   A. "股本"　　　B. "资本公积"　　　C. "库存股"　　　D. "银行存款"
6. 下列经济业务中，不会引起 A 公司股本（或实收资本）发生变化的是（　　）。
   A. 乙企业将 A 公司的所欠货款转为对 A 公司的投资
   B. 接受甲企业无偿捐赠的原材料一批
   C. A 公司用盈余公积转增资本
   D. A 公司回购并注销在外发行的股份
7. A 有限责任公司由两位投资者投资 200 万元设立，每人各出资 100 万元。一年后，为扩大经营规模，经批准，A 有限责任公司注册资本增加到 300 万元，并引入第三位投资者加入。按照投资协议，新投资者须缴入现金 120 万元，同时享有该公司三分之一的股份。A

有限责任公司已收到该现金投资。假定不考虑其他因素,A 有限责任公司接受第三位投资者应确认的资本公积为(　　)万元。

　　A. 110　　　　　　B. 100　　　　　　C. 20　　　　　　D. 200

8. 甲股份有限公司委托 A 证券公司发行普通股 2 000 万股,每股面值 1 元,每股发行价格为 5 元。根据约定,股票发行成功后,甲股份有限公司应按发行收入的 2% 向 A 证券公司支付发行费。如果不考虑其他因素,股票发行成功后,甲股份有限公司记入"资本公积"科目的金额为(　　)万元。

　　A. 9 800　　　　　B. 200　　　　　　C. 7 800　　　　　D. 8 000

## 二、多项选择能力训练

1. 下列关于所有者权益的表述中,正确的有(　　)。
　A. 所有者权益是指企业资产扣除负债后由所有者享有的剩余权益
　B. 企业清算时,只有在清偿所有的负债后,所有者权益才返还给所有者
　C. 资本公积的主要用途为转增资本(或股本)
　D. 资本公积包括资本溢价(或股本溢价)和其他资本公积等

2. 企业实收资本增加的途径主要有(　　)。
　A. 投资者投入　　　　　　　　　　B. 盈余公积转增
　C. 资本公积转增　　　　　　　　　D. 银行借入

3. 企业吸收投资者出资时,下列会计科目的余额可能发生变化的有(　　)。
　A. 盈余公积　　　B. 资本公积　　　C. 实收资本　　　D. 利润分配

4. 下列各项中,会影响企业资本公积总额的有(　　)。
　A. 转销无法支付的应付账款
　B. 接受固定资产捐赠
　C. 经股东大会批准将资本公积转增资本
　D. 增资扩股发行股票时股票溢价高于发行费用

5. 某公司 2021 年年初股本为 8 000 万元(每股面值为 1 元),资本公积为 5 000 万元(为股本溢价),2021 年公司按照每股 3 元的价格回购本公司股票 1 000 万股并注销。不考虑其他因素,下列各项中,关于该公司注销所回购股份相关科目的会计处理结果正确的有(　　)。
　A. 借记"盈余公积"科目 2 000 万元
　B. 借记"资本公积"科目 2 000 万元
　C. 借记"利润分配——未分配利润"科目 2 000 万元
　D. 借记"股本"科目 1 000 万元

6. 某有限责任公司由甲、乙投资者分别出资 100 万元设立,为扩大经营规模,该公司的注册资本由 200 万元增加到 250 万元,丙企业以现金出资 100 万元享有公司 20% 的注册资本。不考虑其他因素,该公司接受丙企业出资相关科目的会计处理结果正确的有(　　)。
　A. 贷记"实收资本"科目 100 万元　　　B. 借记"银行存款"科目 100 万元

C. 贷记"资本公积"科目 50 万元　　　D. 贷记"盈余公积"科目 100 万元

### 三、判断能力训练

1. 由于所有者权益和负债都是对企业资产的要求权，因此都属于权益范畴。（　　）
2. 企业接受的原材料投资，其增值税额不能计入实收资本。（　　）
3. 当企业投资者投入的资本高于其注册资本时，应将高出部分计入营业外收入。（　　）
4. 在我国，若资本市场不景气，企业为了筹措资金，可采用折价发行股票的方式。（　　）
5. 对于一个企业来说，投资者投入的资金，并不全部构成实收资本。（　　）
6. 资本公积经批准后可用于派发股利。（　　）
7. 资本公积的形成，一般情况下与企业净利润无关。（　　）
8. 投入资本包括实收资本及资本（股本）溢价。（　　）
9. 收入能够导致企业所有者权益增加，因此，导致所有者权益增加的一定都是收入。（　　）
10. 当企业投资者投入的资本高于其注册资本时，应当将高出部分计入未分配利润。（　　）
11. 实收资本的构成比例或股东的股份比例，是确定所有者在企业所有者权益中份额的基础，但不是企业进行利润或股利分配的依据。（　　）
12. 有限责任公司以资本公积转增资本，应当按照原出资者各出资比例相应增加各出资者的出资金额。（　　）

# 专业应用能力训练

### 训练一

**资料**　某企业委托某证券公司代理发行普通股 6 000 000 股，每股面值 1 元，发行价格为每股 1.5 元，企业与证券公司约定，按发行收入的 2% 收取佣金，从发行收入中扣除，假定收到的股款已存入银行。

**要求**　编制有关会计分录。

### 训练二

**资料**　甲公司原由投资者 A 和投资者 B 共同出资成立，每人出资 20 万元，各占 50% 的股份。经营 2 年后，投资者 A 和投资者 B 决定增加公司资本，此时有一新的投资者 C 要求加入甲公司。经有关部门批准后，甲公司实施增资，将实收资本增加到 90 万元。经三方协商，一致同意，完成下述投资后，三方投资者各拥有甲公司 30 万元实收资本，并各占甲公司 1/3 的股份：

（1）投资者 A 以一台设备投入甲公司作为增资，该设备原价 18 万元，已提折旧 9.5 万元，合同约定价值为 10 万元，取得增值税专用发票，增值税进项税额为 1.3 万元。

（2）投资者 B 以一批原材料投入甲公司作为增资，该批材料账面价值 10.5 万元，评估确认价值 11 万元，税务部门认定应交增值税额为 1.43 万元。投资者 B 已开具了增值税专用发票。

（3）投资者 C 以银行存款投入甲公司 39 万元。

要求　编制有关会计分录。

## 训练三

甲公司 2022 年 12 月 31 日的股本为 10 000 万股，面值 1 元，资本公积（股本溢价）3 000 万元，盈余公积 3 000 万元。经股东大会批准，甲公司以现金回购本公司股票 1 000 万股并注销。

（1）假定 A 公司按每股 5 元回购股票。

（2）假定 A 公司按每股 2.3 元回购股票。

（3）假定 A 公司按每股 1 元回购股票。

不考虑其他因素，做出上述三种情况下回购股票和注销股票的会计分录。

## 训练四

甄别相关原始凭证，写出相关会计分录（或填制相关记账凭证）。

**1-1**

### 投资协议书（摘　要）

投资单位：无锡中兴投资有限公司

被投资单位：江苏环宇公司

经双方协商，江苏环宇公司同意接受无锡中兴投资有限公司以生产设备一套进行投资，该设备价值为 600 万元，由无锡中兴公司向江苏环宇公司开具增值税专用发票，增值税税额由无锡中兴公司承担。无锡中兴公司出资额中 580 万元作为新增注册资本，其余作为资本公积。无锡中兴公司在出资到位并办理相关手续后享有江苏环宇公司注册资本的 20% 的股权。每年按此比例分配江苏环宇公司的净利润。

投资人（签章）：无锡中兴投资有限公司　　　接受投资人（签章）：江苏环宇公司

2022 年 12 月 14 日　　　　　　　　　　　　2022 年 12 月 14 日

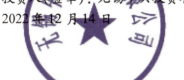

1-2

## 江苏省增值税专用发票

NO 2347810

开票日期：2022 年 12 月 15 日

| 购货单位 | 名称 | 江苏环宇公司 | 密码区 | 67/ * +3 * 0/611 *++0/+0 */<br>* +3 *2/9 *11 *+ 66666 **<br>066611 *+66666 * 1 ** + 216 *<br>** 6000 * 261 * 2 * 4/<br>547203994 + - 42 * 64151 *<br>6915355/3 * |
|---|---|---|---|---|
| | 纳税人识别号 | 320303001119928 | | |
| | 地址、电话 | 徐州市建国路 180 号 | | |
| | 开户银行及账号 | 中行徐州分行 740108320311 | | |

| 货物或应税劳务名称 | 规格型号 | 单位 | 数量 | 单价 | 金额 | 税率 | 税额 |
|---|---|---|---|---|---|---|---|
| 生产设备 | | 套 | 1 | 6 000 000 | 6 000 000 | 13% | 780 000 |
| 合计 | | | | | 6 000 000 | | 780 000 |

| 价税合计（大写） | 陆佰柒拾捌万元整 | （小写）¥ 6 780 000.00 |
|---|---|---|

| 销货单位 | 名称 | 无锡中兴投资有限公司 | 备注 | |
|---|---|---|---|---|
| | 纳税人识别号 | 320610987654321 | | |
| | 地址、电话 | 无锡市贡湖大道 229 号 | | |
| | 开户银行及账号 | 工商银行城南支行 9988877878 | | |

收款人：张桦　　复核：周燕　　开票人：朱玲　　销货单位：(章)

第一联　发票联

（抵扣联略）

1-3

## 固定资产验收单

2022 年 12 月 15 日　　　　　　　　　编号 10

| 名称 | 规格型号 | 来源 | 数量 | 购(造)价 | 使用年限 | 预计残值 |
|---|---|---|---|---|---|---|
| 生产设备 | | 投资者投入 | 1 | 6 000 000.00 | 10 | 50 000.00 |
| 安装费 | 月折旧率 | 建造单位 | 交工日期 | | 附 件 | |
| | | | 2022 年 12 月 15 日 | | | |

| 验收部门 | 仓库 | 验收人员 | 刘丽 | 管理部门 | 车间 | 管理人员 | 倪亮 |
|---|---|---|---|---|---|---|---|
| 备注 | 该固定资产为无锡中兴投资有限公司投入。 | | | | | | |

## 任务二 核算留存收益

### 知识认知能力训练

#### 一、单项选择能力训练

1. 目前,我国公司制企业的法定盈余公积是按照净利润的( )提取的。
   A. 5%   B. 10%   C. 15%   D. 20%

2. 按现行制度规定,盈余公积金可以依法定的程序转增资本金,但转增资本金后,( )。
   A. 企业法定盈余公积金不受限制
   B. 企业法定盈余公积金不得高于注册资本的25%
   C. 企业法定盈余公积金不得低于注册资本的25%
   D. 企业任意盈余公积金必须为0

3. 下列会计事项,会引起所有者权益总额发生变化的是( )。
   A. 从净利润中提取盈余公积   B. 用盈余公积补亏
   C. 用盈余公积转增资本   D. 向投资者分配现金股利

4. 某企业年初未分配利润为贷方36万元,本年实现净利润160万元,本年提取法定盈余公积18万元,向投资者发放股票股利25万元。该企业年末未分配利润为( )万元。
   A. 126   B. 153   C. 102   D. 77

5. 某企业年初所有者权益总额160万元,当年以其中的资本公积转增资本50万元。当年实现净利润300万元,提取盈余公积30万元,向投资者分配利润50万元。该企业年末所有者权益总额为( )万元。
   A. 360   B. 410   C. 440   D. 460

6. 2022年12月31日某企业所有者权益情况如下:实收资本180万元,资本公积20万元,盈余公积88万元,未分配利润32万元。则该企业2023年1月1日留存收益为( )万元。
   A. 32   B. 88   C. 120   D. 300

7. 某公司"盈余公积"科目的年初余额为500万元,本期提取200万元,转增资本80万元,该公司"盈余公积"科目的年末余额为( )万元。
   A. 620   B. 700   C. 500   D. 420

8. 下列各项中,会导致留存收益总额发生增减变动的是( )。
   A. 资本公积转增资本   B. 盈余公积补亏
   C. 盈余公积转增资本   D. 以当年净利润弥补以前年度亏损

9. 某企业盈余公积年初余额为 50 万元,本年利润总额为 600 万元,所得税费用为 150 万元,按净利润的 10% 提取法定盈余公积,并将盈余公积 10 万元转增资本。该企业盈余公积年末余额为( )万元。
   A. 40　　　　　　B. 85　　　　　　C. 95　　　　　　D. 110

10. 某企业年初未分配利润贷方余额为 400 万元,本年实现净利润 1 600 万元,按净利润的 10% 提取法定盈余公积,提取任意盈余公积 80 万元,向投资者分配利润 80 万元。该企业年末可供分配利润为( )万元。
    A. 1 840　　　　B. 2 000　　　　C. 1 740　　　　D. 1 680

## 二、多项选择能力训练

1. 下列项目中,能引起盈余公积发生增减变动的有( )。
   A. 提取任意盈余公积　　　　B. 以盈余公积转增资本
   C. 用任意盈余公积弥补亏损　　D. 用盈余公积派送新股

2. 下列各项中,仅引起所有者权益内容结构发生变动而不影响所有者权益总额的有( )。
   A. 用盈余公积弥补亏损　　　　B. 用盈余公积转增资本
   C. 股东大会宣告分配现金股利　D. 实际发放股票股利

3. 下列各项中,不属于企业留存收益的有( )。
   A. 股本溢价　　　　　　　　　B. 资本公积
   C. 任意盈余公积　　　　　　　D. 法定盈余公积

4. 企业发生亏损时,下列各项中,( )是弥补亏损的渠道。
   A. 用以后 5 年的税前利润弥补　B. 用 5 年后的税后利润弥补
   C. 以盈余公积弥补　　　　　　D. 以资本公积弥补

5. 下列各项中,能够引起留存收益总额发生变动的有( )。
   A. 盈余公积补亏　　　　　　　B. 计提法定盈余公积
   C. 结转本年度实现的净利润　　D. 向投资者宣告分配现金股利

6. 未分配利润是指企业实现的净利润在经过( )后留在企业的历年的结存利润。
   A. 弥补亏损　　　　　　　　　B. 提取盈余公积
   C. 向投资者分配利润　　　　　D. 转增资本

7. 下列选项中,属于利润分配科目核算内容的有( )。
   A. 提取法定盈余公积　　　　　B. 提取任意盈余公积
   C. 向投资者分配现金股利　　　D. 向投资者分配股票股利

8. 以下有关盈余公积的表述中,错误的有( )。
   A. 盈余公积是指企业按照有关规定从净利润中提取的积累资金
   B. 公司制企业的盈余公积包括法定盈余公积和非法定盈余公积
   C. 法定盈余公积是企业按照规定从累计净利润中提取的盈余公积
   D. 盈余公积只能用于企业弥补亏损和转增资本

## 三、不定项选择训练

甲公司为增值税一般纳税人,是由乙、丙公司于 2021 年 1 月 1 日共同投资设立的一家有限责任公司。甲公司注册资本为 800 万元,乙公司和丙公司的持股比例分别为 60% 和 40%。2023 年 1 至 3 月甲公司与所有者权益相关的交易或事项如下:

(1) 2023 年年初所有者权益项目期初余额分别为:实收资本 800 万元、资本公积 70 万元、盈余公积 100 万元、未分配利润 200 万元。

(2) 2 月 23 日,经股东大会批准,甲公司对 2022 年度实现的净利润进行分配,决定提取任意盈余公积 10 万元,分派现金股利 40 万元。

(3) 3 月 18 日,甲公司按照相关法定程序经股东大会批准,注册资本增加至 1 000 万元。接受丁公司投资一项价值 250 万元的专利技术,取得的增值税专用发票上注明的价款为 250 万元(与公允价值相符),增值税进项税额为 15 万元(由投资方支付税款,并提供增值税专用发票),丁公司享有甲公司 20% 的股份。

要求:根据上述资料,不考虑其他因素,分析回答下列小题。

(1) 根据资料(2),下列各项中,甲公司决定提取任意盈余公积和分派现金股利的会计处理正确的是(　　)。

  A. 提取盈余公积:
    借:盈余公积——任意盈余公积　　　　　　　　　　100 000
     贷:利润分配——提取任意盈余公积　　　　　　　　　　100 000

  B. 决定分派现金股利:
    借:盈余公积　　　　　　　　　　　　　　　　　　400 000
     贷:应付股利　　　　　　　　　　　　　　　　　　　　400 000

  C. 提取盈余公积:
    借:利润分配——提取任意盈余公积　　　　　　　　100 000
     贷:盈余公积——任意盈余公积　　　　　　　　　　　　100 000

  D. 决定分派现金股利:
    借:利润分配——应付现金股利或利润　　　　　　　400 000
     贷:应付股利　　　　　　　　　　　　　　　　　　　　400 000

(2) 根据资料(3),下列各项中,关于甲公司接受专利技术投资的会计处理表述正确的是(　　)。

  A. 丁公司对甲公司的实际投资额应为 265 万元
  B. 贷记"资本公积"科目 65 万元
  C. 丁公司对甲公司的实际投资额应为 250 万元
  D. 贷记"实收资本"科目 200 万元

(3) 根据资料(1)至(3),下列各项中,对 3 月末甲公司实收资本和权益份额表述正确的是(　　)。

  A. 丁公司的权益份额为 20%
  B. 甲公司的实收资本总额为 1 000 万元

C. 丙公司的权益份额为32%
D. 乙公司的权益份额为48%

（4）根据资料（1）至（3），2023年3月31日甲公司资产负债表中"未分配利润"项目的"期末余额"栏填列正确的是（　　）万元。
A. 150　　　　B. 160　　　　C. 200　　　　D. 190

（5）根据资料（1）至（3），2023年3月31日甲公司资产负债表中"所有者权益"或"股东权益"为（　　）万元。
A. 1 395　　　B. 1 435　　　C. 1 170　　　D. 1 385

## 四、判断能力训练

1. 用法定盈余公积转增资本或弥补亏损时，均不导致所有者权益的变化。（　　）
2. 用盈余公积转增资本不影响所有者权益的变化，但会使企业净资产减少。（　　）
3. 企业不能用盈余公积扩大生产经营。（　　）
4. 法定盈余公积达到注册资本的50%时，不应再提取。（　　）
5. 企业以盈余公积向投资者分配现金股利，不会引起留存收益总额的变动。（　　）
6. 某企业年初有未弥补亏损20万元，当年实现净利润10万元。按有关规定，该年不得提取法定盈余公积。（　　）
7. 某企业年初有未分配利润80万元，当年发生亏损10万元。按有关规定，该年应提取法定盈余公积7万元。（　　）
8. 支付已宣告的现金股利会导致企业所有者权益减少。（　　）
9. 未分配利润的数额等于企业当年实现的净利润加上年初未分配利润减去已提取的盈余公积。（　　）
10. 企业以盈余公积向投资者分配现金股利会使企业的留存收益总额减少。（　　）
11. 企业本年实现的净利润加上年初未分配利润（或减年初未弥补亏损）和其他转入后的余额，为可供分配的利润。（　　）
12. 企业用当年实现的净利润弥补以前年度亏损，不需要单独进行账务处理。（　　）

# 专业应用能力训练

## 训练一

**资料**　某股份有限公司2021年"利润分配——未分配利润"科目年初贷方余额100万元，公司按相关规定计提10%的法定盈余公积金。2021年至2022年的有关资料如下：

（1）2021年实现净利200万元；提取法定盈余公积后，宣告派发现金股利150万元。
（2）2022年实现净利600万元；提取法定盈余公积和任意盈余公积（任意盈余公积提取比例为15%）。

要求

(1) 编制 2021 年有关利润分配的会计分录(盈余公积及利润分配的核算写明明细科目)。

(2) 计算 2022 年年末可供分配利润并编制 2022 年有关利润分配的会计分录(盈余公积及利润分配的核算写明明细科目)。

(3) 计算 2022 年年末未分配利润。

(写出"盈余公积"和"利润分配"科目二级明细科目)

### 训练二

**资料** 甲股份有限公司 2021 年"利润分配——未分配利润"科目年初贷方余额 200 万元,按 10% 提取法定盈余公积,所得税税率 25%。2021 年至 2022 年的有关资料如下:

(1) 2021 年实现净利润 300 万元;提取法定盈余公积后,宣告派发现金股利 100 万元。

(2) 2022 年发生亏损 60 万元。

要求

(1) 编制 2021 年结转利润及利润分配的会计分录。

(2) 编制 2022 年结转亏损的会计分录。

(写出"盈余公积"和"利润分配"科目二级明细科目)

### 训练三

**资料** B 公司 2022 年 1 月 1 日的所有者权益为 1 500 万元(其中:股本为 1 000 万元,资本公积为 100 万元,盈余公积为 600 万元,未分配利润为 -200 万元)。B 公司 2022 年实现净利润 600 万元。

要求

(1) 编制 B 公司 2022 年结转净利润的会计分录。

(2) 编制 B 公司 2022 年计提法定盈余公积的会计分录。

(3) 计算 B 公司 2022 年 12 月 31 日所有者权益的余额。

(写出"盈余公积"和"利润分配"科目二级明细科目)

## 拓展阅读与训练

### 案例资料

公民张民和王力于 2011 年 8 月 6 日将伪造的 10 000 000 元人民币虚假进账单提供给金利会计师事务所,骗取了虚假的验资报告,并依此报告从工商行政管理部门办理了长城有限公司的注册登记手续,领取了营业执照。

### 案例思考

（1）长城有限公司在登记注册过程中可能存在哪些问题？
（2）公民张民和王力的行为应如何处置？
（3）会计师事务所应承担什么责任？

## 任务三 其他综合收益

### 一、单项选择能力训练

1. 2022年3月1日，甲公司将原作为固定资产核算的写字楼，以经营租赁的方式租给乙公司，租期18个月，每月租金为125万元。甲公司以公允价值模式对投资性房地产进行计量。当日该写字楼的公允价值为16 000万元，账面原值为15 000万元，已计提折旧3 000万元。2022年3月1日，甲公司应确认的当期损益金额为（　　）万元。
   A. 3 000　　　　B. 0　　　　C. 4 000　　　　D. -4 000

2. 存货转换为采用公允价值模式计量的投资性房地产，投资性房地产应当按照转换当日的公允价值计量。转换当日的公允价值大于原账面价值的差额通过（　　）科目核算。
   A. 营业外支出　　　　　　　　B. 公允价值变动损益
   C. 投资收益　　　　　　　　　D. 其他综合收益

### 二、多项选择能力训练

下列各项中，属于所有者权益的有（　　）。
A. 其他综合收益　　　　　　　B. 实收资本
C. 公允价值变动损益　　　　　D. 未分配利润

### 三、判断能力训练

1. "其他综合收益"属于损益类科目。（　　）
2. 资本公积和其他综合收益都会引起企业所有者权益发生增减变动，都会直接影响企业的损益。（　　）

## 专业应用能力训练

### 训练一

**资料** 2022年4月5日,甲公司从证券市场购入乙公司发行的股票500万股,确认为其他权益工具投资,支付价款892万元。12月31日,该项投资的公允价值为960万元。2023年1月12日,出售上述股票,获得价款981万元。

**要求**
写出相关分录。

### 训练二

**资料** 2022年3月1日,甲公司将原作为固定资产核算的写字楼,以经营租赁的方式租给乙公司,租期18个月,每月租金为125万元。甲公司以公允价值模式对投资性房地产进行计量。当日该写字楼的公允价值为16 000万元,账面原值为15 000万元,已计提折旧3 000万元。

**要求**
写出相关会计分录。

# 项目十二

# 确认收入、记录费用、结转利润

## 任务一 核算企业的收入

### 知识认知能力训练

#### 一、单项选择能力训练

1. 企业应当在履行了合同中的履约义务,即在( )时确认收入。
   A. 客户取得相关商品控制权　　　　B. 商品的风险和报酬转移
   C. 开具增值税发票　　　　　　　　D. 合同成立

2. 下列关于附有质量保证条款的销售履约义务识别说法错误的是( )。
   A. 企业提供额外服务的,应当作为单项履约义务
   B. 企业应当考虑该质量保证是否为法定要求以及质量保证期限、企业承诺履行任务的性质等因素
   C. 客户能够选择单独购买质量保证的,该质量保证构成单项履约义务
   D. 客户没有选择权的质量保证条款,该质量保证构成单项履约义务

3. 甲公司为其客户建造一栋厂房,合同约定的价款为100万元,但是,如果甲公司不能在合同签订之日起的120天内竣工,则须支付10万元罚款,该罚款从合同价款中扣除。甲公司对合同结果的估计如下:工程按时完工的概率为90%,工程延期的概率为10%。假定上述金额不含增值税。不考虑其他因素,则甲公司确定的交易价格为( )万元。
   A. 100　　　　B. 90　　　　C. 0　　　　D. 110

4. 某企业2022年2月1日销售商品1 000件,每件售价20元,增值税税率为13%;提供给购货方的商业折扣为10%,现金折扣条件为2/10、1/20、N/30。该企业估计客户在10天内支付货款的概率为80%,20天内支付货款的概率为10%,20天以后支付货款的概率为10%。假定计算现金折扣时不考虑增值税。不考虑其他因素,则该企业销售商品时应确认收入的金额为( )元。
   A. 18 000　　　　B. 19 980　　　　C. 17 640　　　　D. 20 000

5. 甲公司委托乙公司代销一批商品10 000件,不含税的代销价款为100元/件。该商

品成本为 80 元/件,甲公司适用的增值税税率为 13%。2022 年 5 月,甲公司收到乙公司开来的代销清单上列明已销售代销商品的 50%,甲公司向乙公司开具增值税专用发票。甲公司按售价的 3% 向乙公司支付手续费。乙公司不承担包销责任,没有售出的商品须退回给甲公司。不考虑其他因素,甲公司 2022 年 5 月应确认的销售收入为(　　)元。

　　A. 300 000　　　　B. 188 000　　　　C. 500 000　　　　D. 388 000

6. 甲公司于 2022 年 6 月 9 日向乙公司销售一批商品,开出的增值税专用发票上注明售价为 20 万元,增值税税额为 2.6 万元;该批商品成本为 16 万元。甲公司在销售该批商品时已得知乙公司资金周转发生暂时困难,但为了减少存货积压,同时为了维持与乙公司长期以来建立的商业关系,甲公司仍将商品发出。假定甲公司销售该批商品的纳税义务已经发生。不考虑其他因素,下列说法中正确的是(　　)。

　　A. 甲公司应在发出商品当日确认主营业务收入 20 万元
　　B. 甲公司应在发出商品当日确认主营业务成本 16 万元
　　C. 甲公司在发出商品当日不需要确认增值税销项税额
　　D. 甲公司应在发出商品时借记"发出商品"16 万元

7. 某企业与客户签订合同,向其销售甲、乙、丙三类商品,不含税的合同价款为 35 000 元。假定甲商品、乙商品、丙商品分别构成单项履约义务,甲商品的单独售价为 12 000 元,乙商品的单独售价为 10 000 元,丙商品的单独售价为 15 000 元。则甲商品应分摊的交易价格为(　　)元。

　　A. 11 351　　　　B. 12 000　　　　C. 11 667　　　　D. 15 000

8. 甲企业为增值税一般纳税人,于 2022 年 10 月 17 日向 N 公司销售商品一批,价值 200 万元,增值税税率为 3%,甲企业销售时为公司代垫运杂费 1 000 元。该项业务属于某一时点履行的履约义务。2022 年 10 月 18 日,N 公司在验收过程中发现该批商品存在外观瑕疵,但不影响使用,遂要求甲企业在不含税价格的基础上给予 5% 的减让,甲企业同意了该价格减让。不考虑其他因素,则甲企业在该笔交易中应确认的收入金额为(　　)万元。

　　A. 190　　　　B. 190.1　　　　C. 0　　　　D. 200

9. 某小规模纳税人销售商品一批,到税务局申请开具增值税专用发票,票面金额为 40 000 元,增值税征收率为 3%,增值税为 1 200 元,款项已存入银行,该企业应确认的销售收入为(　　)元。

　　A. 33 834.95　　　　B. 38 834.95　　　　C. 40 000　　　　D. 41 200

10. 甲公司生产和销售电动车。2022 年 3 月,甲公司向零售商乙公司销售 200 台电动车,每台价格为 2 000 元,合同价款合计 400 000 元。甲公司向乙公司提供价格保护,同意在未来 6 个月内,如果同款电动车售价下降,则按照合同价格与最低售价之间的差额向乙公司支付差价。甲公司根据以往执行类似合同的经验,预计各种结果发生的概率如下:

| 未来 6 个月内电动车的降价金额/(元/台) | 概率 | 未来 6 个月内电动车的降价金额/(元/台) | 概率 |
| --- | --- | --- | --- |
| 0 | 30% | 100 | 40% |
| 200 | 20% | 500 | 10% |

假定上述价格均不包含增值税,甲公司认为期望值能够更好地预测其有权获取的对价

金额,不考虑其他因素,则甲公司销售给乙公司的每台电动车的交易价格为( )元。

  A. 2 000    B. 1 900    C. 1 870    D. 1 270

11. 乙公司2022年9月份销售商品收入4 000万元,其他业务收入100万元,发生销售退回20万元。不考虑其他因素,则该公司9月份营业收入的金额为( )万元。

  A. 3 980    B. 4 080    C. 4 000    D. 4 100

12. 2022年9月1日,某公司与客户签订一项安装劳务合同,预计2023年12月31日完工,合同总金额为2 400万元,预计总成本为2 000万元。截至2022年12月31日,该公司实际发生成本600万元,预计将要发生成本1 400万元。假定上述合同对该公司来说属于在某一时段内履行的履约义务,且履约进度能够合理确定,该公司按照已发生成本占估计总成本的比例确定履约进度。则该公司2022年度对该项合同确认的收入为( )万元。

  A. 720    B. 640    C. 350    D. 600

13. 某咨询服务公司本月与客户签订为期半年的咨询服务合同,并已预收全部咨询服务费,该合同于下月开始执行。下列各项中,该公司预收咨询服务费应记入的会计科目是( )。

  A. 合同取得成本    B. 合同负债
  C. 主营业务成本    D. 主营业务收入

14. 某消费品制造商甲公司签订了一项合同,向一家全球大型连锁零售店客户销售商品,合同期限为1年。该零售商承诺,在合同期限内以约定价格购买至少价值1 500万元的产品。同时合同约定,甲公司须在合同开始时向该零售商支付150万元的不可退回款项。该款项旨在就零售商需更改货架以使其适合放置甲公司产品而作出补偿。第一个月该零售商销售货物开具发票的金额为200万元(不含增值税)。甲公司第一个月应确认的收入为( )万元。

  A. 200    B. 180    C. 50    D. 1 350

15. 公司给客户办理健身会员卡,收取一年费用,应确认为( )。

  A. 合同负债    B. 其他业务收入
  C. 主营业务收入    D. 其他应付款

## 二、多项选择能力训练

1. 收入确认与计量的五个步骤中,主要与收入的确认相关的有( )。

  A. 识别与客户订立的合同    B. 识别合同中的单项履约义务
  C. 确定交易价格    D. 将交易价格分摊至各单项履约义务

2. 下列各项中,关于合同资产与应收款项表述正确的有( )。

  A. 合同资产和应收款项都是企业拥有的有权收取对价的合同权利
  B. 合同资产与应收款项一样
  C. 应收款项是企业无条件收取款项的权利
  D. 合同资产是取决于时间流逝以外的其他因素的债权

3. 下列项目中,属于在某一时点确认收入的有(   )。
   A. 酒店管理服务
   B. 为客户建造办公大楼
   C. 企业履约过程中所产出的商品具有不可替代用途,且该企业在整个合同期间有权就累计至今已完成的履约部分收取款项
   D. 为客户定制的具有可替代用途的产品
4. 适应收入准则的交易有(   )。
   A. 安装公司提供安装服务     B. 咨询公司提供咨询服务
   C. 软件公司为客户开发软件   D. 企业处置固定资产、无形资产
5. 依据收入准则,合同是指双方或多方之间订立的有法律约束力的权利义务的协议,包括(   )。
   A. 书面形式合同             B. 口头形式合同
   C. 其他形式合同             D. 只能是书面形式合同
6. 企业与客户之间的合同同时满足(   )条件时,判断为合同成立。
   A. 合同各方已批准该合同并承诺将履行各自义务
   B. 该合同明确了合同各方与所转让商品或提供劳务相关的权利和义务
   C. 该合同有明确的与所转让商品相关的支付条款,且该合同具有商业实质
   D. 企业因向客户转让商品而有权取得的对价很可能收回
7. 企业应当将(   )作为单项履约义务。
   A. 向客户转让可明确区分商品(或者商品或服务的组合)的承诺
   B. 向客户转让一系列实质相同且转让模式相同的、可明确区分的商品的承诺
   C. 销售商品并将商品运送至客户指定地点后交付客户的承诺
   D. 接受客户委托,建造一幢办公楼的承诺
8. 依据收入准则规定,下列选项属于在某一时段内履行履约义务的有(   )。
   A. 客户在企业履约的同时即取得并消耗企业履约所带来的经济利益
   B. 客户能够控制企业履约过程中在建的商品
   C. 企业履约过程中所产出的商品具有不可替代用途,且该企业在整个合同期间有权就累计至今已完成的履约部分收取款项
   D. 企业履约过程中履约进度能够可靠计量
9. 企业应当综合考虑其能够合理取得的全部相关信息,选择(   )方法,合理估计单独售价。
   A. 市场调整法             B. 成本加成法
   C. 余值法                 D. 现值法
10. 依据收入准则的规定,在确定交易价格时,企业应当考虑的因素有(   )。
    A. 可变对价               B. 合同中存在的重大融资成分
    C. 非现金对价             D. 应付客户对价

## 三、不定项选择能力训练

甲公司为增值税一般纳税人,其主营业务为生产并销售 M 和 N 产品,售价中均不含增值税,确认销售收入的同时结转销售成本。适用的增值税税率为13%。2022 年第四季度发生经济业务如下:

(1) 10 月 5 日,甲公司向乙公司销售一批 M 产品,开具的增值税专用发票上注明售价为 200 万元,增值税税额为 26 万元,款项尚未收到。该批 M 产品的总成本为 120 万元。该业务属于在某一时点履行的履约义务。10 月 15 日,乙公司在验收 M 产品时发现其外观上存在瑕疵,但基本上不影响使用,要求甲公司在价格上(不含增值税税额)给予 5% 的减让。甲公司同意价格折让,并按规定向乙公司开具了增值税专用发票(红字)。

(2) 11 月 10 日,甲公司向丙公司销售 N 产品一批,开具的增值税专用发票上注明价款为 100 万元,增值税税额为 13 万元,款项尚未收到;该批 N 产品总成本为 60 万元。甲公司在销售时已知丙公司资金周转发生困难,但为了减少存货积压,同时也为了维持与丙公司长期建立的商业合作关系,甲公司仍将商品发往丙公司且办妥托收手续。假定甲公司发出该批产品时其增值税纳税义务尚未发生。

(3) 12 月 20 日,甲公司与丁公司签订合同,向其销售 M、N 两种产品,合同总价款为 80 万元,并约定 M 产品于合同开始日交付,N 产品在一个月之后(2023 年 1 月 20 日)交付,当两种产品全部交付之后,甲公司才有权收取合同对价。M 产品和 N 产品的单独售价分别为 60 万元、40 万元,实际成本为 32 万元、15 万元。假定 M 产品和 N 产品分别构成单项履约义务,其控制权在交付时转移给客户。

要求:根据上述资料,不考虑其他因素,分析问答下列小题。

(1) 根据资料(1),甲公司向乙公司销售 M 产品,会计处理正确的是(  )。

  A. 10 月 5 日,确认收入:

    借:应收账款                2 260 000
      贷:主营业务收入           2 000 000
         应交税费——应交增值税(销项税额)  260 000

  B. 10 月 5 日,结转产品成本:

    借:主营业务成本             1 200 000
      贷:库存商品             1 200 000

  C. 10 月 15 日,发生价格折让:

    借:主营业务收入             100 000
      应交税费——应交增值税(销项税额)   13 000
      贷:应收账款             113 000

  D. 10 月 15 日,发生价格折让:

    借:库存商品              60 000
      贷:主营业务成本           60 000

（2）根据资料（2），销售 N 产品的会计处理正确的是（　　）。
  A. 借记"应收账款"113 万元　　　　B. 贷记"主营业务收入"100 万元
  C. 借记"主营业务成本"60 万元　　　D. 贷记"库存商品"60 万元
（3）根据资料（3），M 产品应分摊的合同价款为（　　）万元。
  A. 60　　　　B. 40　　　　C. 48　　　　D. 32
（4）根据资料（3），12 月 20 日甲公司发出 M 产品的会计处理正确的是（　　）。
  A. 借记"应收账款"48 万元　　　　B. 借记"合同资产"48 万元
  C. 借记"主营业务成本"32 万元　　　D. 借记"发出商品"32 万元
（5）资料（1）至（3）中的经济业务对甲公司 2022 年度利润表"营业利润"产生影响的金额为（　　）万元。
  A. 86　　　　B. 126　　　　C. 92　　　　D. 123

## 四、判断能力训练

1. 依据收入准则，当履约进度不能合理确定时，企业已经发生的成本即使预计能够得到补偿，企业也不应当确认收入。（　　）
2. 交易价格是指企业因向客户转让商品、合同约定预期收取的对价金额。（　　）
3. 企业为取得合同发生的增量成本预期能够收回的，应当作为合同取得成本确认为一项资产。（　　）
4. 企业确认收入的方式应当反映其向客户转让商品的模式，收入的金额应当反映企业因转让这些商品而预期有权收取的对价金额。（　　）
5. 企业应当在履行了合同中的履约义务，即在客户取得相关商品控制权时确认收入。（　　）
6. 企业在不再负有向客户转让商品的剩余义务，且已向客户收取的对价无须退回时，可以将已收取的对价确认为收入。（　　）
7. 企业代第三方收取的款项以及企业预期将退还给客户的款项，应当作为负债进行账务处理，不计入交易价格。（　　）
8. 合同标价就代表交易价格。（　　）
9. 企业在向客户转让商品前能够控制该商品的，该企业为主要责任人，应当按照已收或应收对价总额确认收入。（　　）
10. 依据收入准则，没有商业实质的非货币性资产交换，按照账面价值确认收入。（　　）
11. 合同资产是企业拥有的、无条件（即仅取决于时间流逝）向客户收取对价的权利。（　　）
12. 应收款项是指企业已向客户转让商品而有权收取对价的权利，且该权利取决于时间流逝之外的其他因素。（　　）

# 专业应用能力训练

## 训练一

**目的** 掌握销售商品收入的相关业务处理。

**资料** 江苏环宇公司2022年12月发生如下经济业务：

(1) 12月4日，向天津市铸压机厂销售乙产品，款项尚未收到。

**1-1**

### 江苏省增值税专用发票

NO. 004894499

开票日期：2022年12月4日

| 购货单位 | 名称 | 天津市铸压机厂 |
|---|---|---|
| | 纳税人识别号 | 330422100212563 |
| | 地址、电话 | 华东路18号 83217609 |
| | 开户银行及账号 | 建设银行华东办事处 265801-2123 |

密码区：67/ * +3 * 0/611 * ++ 0/+0 * / * +3 +2/9 * 11 * ++66666 * * 066611 *+66666 * 1 * *+ 216 * * *6000 * 269 * 2 * 4/ * 547203994 +- 42 * 64151 * 6915360/3 *

| 货物或应税劳务名称 | 规格型号 | 单位 | 数量 | 单价 | 金额 | 税率 | 税额 |
|---|---|---|---|---|---|---|---|
| 乙产品 | | 台 | 5 | 80 000 | 400 000 | 13% | 52 000 |
| 合计 | | | | | 400 000 | | 52 000 |

| 价税合计(大写) | 肆拾伍万贰仟元整 | (小写) ¥452 000.00 |
|---|---|---|

| 销货单位 | 名称 | 江苏环宇公司 |
|---|---|---|
| | 纳税人识别号 | 320103001119928 |
| | 地址、电话 | 徐州市建国路180号 |
| | 开户银行及账号 | 中国银行徐州开发区支行 740108320311 |

第三联 记账联

收款人：刘红　　复核：王露　　开票人：王艺　　销货单位：(章)

**1-2**

### 库存商品出库单

用途：销售　　　　2022年12月4日　　　　产成品库：002

| 产品名称 | 型号规格 | 计量单位 | 数量 | 单位成本/元 | 总成本/元 |
|---|---|---|---|---|---|
| 乙产品 | | 台 | 5 | 55 000 | 275 000 |
| | | | | | |

记账：张晓　　保管：　　主管：方泊　　经办：

(2) 12月8日，收到天津市铸压机厂转账支票，因其在10天之内付款，给予2%的现金折扣。

**2-1**

### 销货折扣审批单

购买单位：天津市铸压机厂
收货地址：天津市华东路18号　　2022年12月8日
客户分类：临时客户　　现金折扣条件：2/10,1/20,N/40

| 产品名称 | 销货时间 | 收款时间 | 应收金额/元 | 折扣率(%) | 实收金额/元 |
|---|---|---|---|---|---|
| 乙产品 | 2022-12-04 | 2022-12-08 | 452 000.00 | 2 | 442 960.00 |

**2-2**

### 中国银行　进账单(收账通知或回单)
2022年12月8日

| 出票人 | 全称 | 天津市铸压机厂 | 收款人 | 全称 | 江苏环宇公司 |
|---|---|---|---|---|---|
| | 账号 | 265801-2123 | | 账号 | 740108320311 |
| | 开户银行 | 工商银行正东办事处 | | 开户银行 | 中国银行徐州开发区支行 |

人民币(大写)　肆拾肆万贰仟玖佰陆拾元整　　¥ 442960.00

| 票据种类 | 汇票 | 票据张数 | 1 |
| 票据号码 | | | |

收款单位开户行盖章
（中国银行徐州开发区支行 2022.12.08 业务专用章(05)）

复核　　　记账

此联是回单

**要求**　根据以上资料进行会计处理。

### 训练二

**目的**　掌握销售折扣、销售折让、销售退回的相关业务处理。

**资料**　江苏环宇公司2022年12月发生如下经济业务：

(1) 12月2日，向乙公司销售A商品1 600件，每件不含税售价为0.5万元，增值税税率为13%，商品实际成本为480万元。为了促销，江苏环宇公司给予乙公司15%的商业折扣并开具了增值税专用发票。甲公司已发出商品，并向银行办理了托收手续。

(2) 12月10日，因部分A商品的规格与合同不符，乙公司退回A商品800件。当日，江苏环宇公司按规定向乙公司开具增值税专用发票(红字)，销售退回允许扣减当期增值税销项税额，退回商品已验收入库。

(3) 12月15日，江苏环宇公司将部分退回的A商品作为福利发放给本公司职工，其中生产工人500件，行政管理人员40件，专设销售机构人员60件，该商品每件市场价格为0.4万元(与计税价格一致)，实际成本0.3万元。

(4) 12月25日,江苏环宇公司收到丙公司来函。来函提出,2022年11月10日从江苏环宇公司所购B商品不符合合同规定的质量标准,要求江苏环宇公司在价格上给予10%的销售折让。该商品售价为600万元,增值税税额为78万元,货款已结清。经江苏环宇公司认定,同意给予折让并以银行存款退还折让款,同时开具了增值税专用发票(红字)。

**要求** 根据以上资料进行会计处理。

## 训练三

**目的** 掌握接受劳务收入的相关业务处理。

**资料** 江苏环宇公司于2022年12月1日接受一项设备安装任务,安装期为3个月,合同总收入300 000元(含增值税,税率9%),至年底已预收安装费220 000元,实际发生安装费用140 000元(假定均为安装人员薪酬),估计完成安装任务还需发生安装费用60 000元。假定甲公司按实际发生的成本占估计总成本的比例确定劳务的完工进度。

**要求** 根据以上资料进行会计处理。

## 训练四

**目的** 掌握接受劳务收入的相关业务处理。

**资料** 甲公司于2022年3月10日接受一项设备安装任务,该安装任务可一次完成,合同总价款为9 000元(含增值税,税率9%),实际发生安装成本5 000元。假定安装业务属于甲公司的主营业务。

**要求** 根据以上资料进行会计处理。

## 训练五

**目的** 掌握委托代销的相关业务处理。

**资料** 2022年11月30日甲公司委托丙公司销售商品100件,商品已经发出,每件成本为6万元。合同约定丙公司应按每件10万元对外销售,增值税税率为13%,甲公司按售价的10%向丙公司支付手续费。2022年12月丙公司对外实际销售80件,2022年12月28日甲公司收到丙公司开具的代销清单时,向丙公司开具一张增值税专用发票。假定:2022年11月30日甲公司发出商品时纳税义务尚未发生;甲公司商品采用实际成本核算,丙公司采用进价核算代销商品。2023年1月5日甲公司收到货款。

**要求**
(1) 根据上述资料做出甲公司发出商品、收到代销清单以及支付手续费、结算款项的会计处理。
(2) 根据上述资料做出丙公司收到代销货物、销售代销货物、结算款项的会计处理。

## 训练六

**目的** 掌握分期收款相关业务处理。

**资料** A公司为增值税一般纳税人,适用的增值税税率为13%。2022年1月1日,A公司采用分期收款方式销售大型设备,合同价格为15 000万元,分5年于每年年末等额收取。假定该大型设备不采用分期收款方式时的现销价格为12 637.08万元,商品已发出,成本为 9 000 万元。假设 A 公司每期均按时收到货款并在每期收款时按收款额开出增值税专用发票,实际利率为 6%。

**要求**　根据上述资料分别做出如下会计处理:

(1) 编制 A 公司 2021 年 1 月 1 日采用分期收款方式销售大型设备的会计分录。

(2) 编制 A 公司 2021 年 12 月 31 日相关的会计分录并计算 2021 年年末未实现融资收益的摊销额。

(3) 编制 A 公司 2022 年 12 月 31 日相关的会计分录并计算 2022 年年末未实现融资收益的摊销额。

(4) 编制 A 公司 2023 年 12 月 31 日相关的会计分录并计算 2023 年年末未实现融资收益的摊销额。

(5) 编制 A 公司 2024 年 12 月 31 日相关的会计分录并计算 2024 年年末未实现融资收益的摊销额。

(6) 编制 A 公司 2025 年 12 月 31 日相关的会计分录并计算 2025 年年末未实现融资收益的摊销额。

## 任务二　核算企业的费用

### 知识认知能力训练

#### 一、单项选择能力训练

1. 甲企业为增值税一般纳税人,2022 年 12 月发生如下业务:① 支付财务部门的水电费;② 结转 12 月的销售成本;③ 缴纳当期的消费税;④ 甲企业因产品质量问题被购货方退货。假定不考虑其他因素,则下列表述中正确的是(　　)。

　　A. 支付的财务部门的水电费,记入"财务费用"

　　B. 确认 12 月的销售成本,记入"主营业务成本"

　　C. 确认当期的消费税,记入"管理费用"

　　D. 甲企业因产品质量问题被购货方退货,记入"发出商品"

2. 某企业 2022 年 12 月份发生如下业务:① 计提车间固定资产折旧费 20 万元;② 发生车间管理人员薪酬 50 万元;③ 销售商品一批价值 30 万元,购货方约定下月初付款;④ 支付管理部门的水电费 2 万元。假定不考虑其他因素,则企业当月的期间费用总额为(　　)万元。

　　A. 2　　　　　　B. 20　　　　　　C. 50　　　　　　D. 80

3. 下列选项中,一般应计入销售费用的是( )。
   A. 销售商品为客户代垫的运费
   B. 签订销售合同缴纳的印花税
   C. 以收取手续费方式委托代销,且受托方并非主要责任人的情况下,委托代销商品支付的手续费
   D. 销售商品发生的增值税

## 二、多项选择能力训练

1. 下列各项中,属于费用的有( )。
   A. 主营业务成本　　　　　　　　B. 销售费用
   C. 财务费用　　　　　　　　　　D. 营业外支出
2. 下列各项业务,在进行会计处理时应计入管理费用的有( )。
   A. 行政管理部门的物料消耗　　　B. 研究费用
   C. 生产车间管理人员的职工薪酬　D. 计提的坏账准备
3. 下列各项中,应列为管理费用处理的有( )。
   A. 自然灾害造成的流动资产净损失　B. 筹建期间发生的开办费
   C. 固定资产盘盈净收益　　　　　　D. 生产车间固定资产维修费
4. 企业发生的下列费用,应计入管理费用的有( )。
   A. 广告费　　　　　　　　　　　B. 业务招待费
   C. 财务人员工资　　　　　　　　D. 专设销售机构人员差旅费
5. 下列各项中,应计入销售费用的有( )。
   A. 销售商品发生的商业折扣
   B. 采用一次摊销法结转首次出借新包装物的成本
   C. 结转出租包装物因不能使用而报废的残料价值
   D. 结转随同商品出售但不单独计价的包装物的成本
6. 下列各项中,应计入销售费用的有( )。
   A. 随同商品出售不单独计价的包装物成本
   B. 随同商品出售单独计价的包装物成本
   C. 已分期摊销的出租包装物成本
   D. 分期摊销的出借包装物成本
7. 下列各项中,应计入税金及附加的有( )。
   A. 购买房屋应交契税　　　　　　B. 进口材料应交关税
   C. 出售应税消费品应交消费税　　D. 企业交纳的城市维护建设税
8. 下列各项中,不应计入管理费用的有( )。
   A. 总部办公楼折旧　　　　　　　B. 生产设备改良支出
   C. 经营租出专用设备的修理费　　D. 专设销售机构房屋的修理费

9. 下列各项费用,应通过"管理费用"科目核算的有(　　)。
   A. 诉讼费　　　　　　　　　　B. 研究费用
   C. 业务招待费　　　　　　　　D. 日常经营活动聘请中介机构费
10. 下列各项中,应计入财务费用的有(　　)。
    A. 企业发行股票支付的手续费　B. 企业支付的银行承兑汇票手续费
    C. 企业购买商品时取得的现金折扣　D. 企业销售商品时发生的现金折扣

### 三、判断能力训练

1. 销售费用是指企业在销售商品和材料、提供劳务过程中发生的各项费用,包括企业在销售商品过程中发生的包装费、保险费、展览费和广告费、商品维修费、预计产品质量保证损失、运输费、装卸费等费用,以及企业发生的为销售本企业商品而专设的销售机构的职工薪酬、业务费、折旧费、固定资产修理费等费用。(　　)

2. 企业向银行或金融机构借入的各种款项所发生的利息均应计入财务费用。(　　)

3. 财务费用是指企业为筹集生产经营所需资金等而发生的筹资费用,包括利息支出(减利息收入)、汇兑损益以及相关的手续费,企业发生的现金折扣或收到的现金折扣等。(　　)

4. 企业在确认商品销售收入后发生的销售折让,应在实际发生时计入销售费用。(　　)

5. 制造费用和管理费用都是本期发生的生产费用,因此,均应计入当期损益。(　　)

## 专业应用能力训练

### 训练一

**资料**　某企业行政部门2022年9月份共发生费用203 000元,其中:行政人员薪酬150 000元,行政部门专用办公设备折旧费45 000元,办公用电费8 000元及增值税税款1 040元(以银行存款支付)。

**要求**　写出相关会计分录。

### 训练二

**资料**　甲公司开出转账支票支付广告费8 000元及增值税税款480元。销售产品领用包装物2 300元,结转专职销售机构人员应付薪酬6 580元。

**要求**　写出相关会计分录。

### 训练三

**资料**　甲公司2022年5月按计算确定的应交房产税为5 000元,应交车船使用税为4 300元,应交土地使用税为5 200元。

### 训练四

**资料** 甲公司2022年12月财务人员报销差旅费1 800元(原借款2 500元,交回多余款项,现金收讫)。以银行存款支付银行承兑汇票承兑手续费500元。

**要求** 写出相关会计分录。

### 训练五

甄别相关原始凭证,写出相关会计分录(或填制相关记账凭证)。

**1-1**

## 中国银行  电汇凭证(回  单)

☐ 普通    ☐ 加急    委托日期 2022 年 9 月 6 日

| 汇款人 | 全 称 | 江苏环宇公司 | 收款人 | 全 称 | 江苏省展销中心 |
|---|---|---|---|---|---|
| | 账 号 | 740108320311 | | 账 号 | 380419673-69 |
| | 汇出地点 | | | 汇入地点 | |
| | 汇出行名称 | 中国银行徐州分行 | | 汇入行名称 | 工商银行淮河分行 |

| 金额 | 人民币(大写) | 伍万玖仟叁佰陆拾元整 | 亿 | 千 | 百 | 十 | 万 | 千 | 百 | 十 | 元 | 角 | 分 |
|---|---|---|---|---|---|---|---|---|---|---|---|---|---|
| | | | | | | ¥ | 5 | 9 | 3 | 6 | 0 | 0 | 0 |

汇出行签章  (中国银行徐州支行 2022.09.06 业务专用章(05))

支付密码

附加信息及用途:

复核          记账

**1-2**

3100931000

## 江苏省增值税专用发票

No 00286809

**发票联**

开票日期：2022 年 9 月 6 日

| 购货单位 | 名　　　称：江苏环宇公司<br>纳税人识别号：320305689740506<br>地址、电话：徐州市南阳路291号<br>开户银行及账号：中行徐州分行<br>　　　　　　　740108320311 | 密码区 | 21 <+ 6 + 14//295/81 –<br>283/ *< 81 *+ 0735825/<br>> 06059 > 907 < 953266<br>* 26 < 6 + 61 –>+ 31 ++<br>7 – 6 < 54391 * 3 – +>> 09 | 加密版本：01<br>3100931000<br>00286809 |

| 货物或应税劳务名称 | 规格型号 | 单位 | 数量 | 单价 | 金额 | 税率 | 税额 |
|---|---|---|---|---|---|---|---|
| 展览费 | | | | | 56 000.00 | 6% | 3 360.00 |
| 合计 | | | | | ￥ 56 000.00 | | ￥ 3 360.00 |

| 价税合计(大写) | 人民币伍万玖仟叁佰陆拾元整 | (小写) ￥ 59 360.00 |
|---|---|---|

| 销货单位 | 名　　　称：江苏省展销中心<br>纳税人识别号：320105793256876<br>地址、电话：雨花路67号 63292439<br>开户银行及账号：工行淮河分行<br>　　　　　　　380419673-69 | 备注 | (江苏省展销中心 发票专用章<br>号：320105793256876) |

收款人：××× 　　复核：××× 　　开票人：陈奇 　　销货单位:(章)

（抵扣联略）

**2-1**

### 中国银行
### 转账支票存根

支票号码：NO 20003602

附加信息

出票日期　2022 年 12 月 26 日

收款人：江苏南方机电公司

金额：￥2 260.00

用途：付机器设备维修费

单位主管　方泊　　会计　马红

2-2

**江苏省增值税专用发票**

开票日期：2022 年 12 月 26 日　　NO 004893596

| 购货单位 | 名　　称：江苏环宇公司<br>纳税人识别号：320303001119928<br>地　址、电　话：徐州市建国路 180 号<br>开户银行及账号：中行徐州分行 740108320311 | 密码区 | 67/ * +3 * 0/611 * * +0/+0 * /* +3<br>+2/9 * 11 * * +66666 * * 066611 * +<br>66666 * 1 * * + 216 * * * 6000 * 261 *<br>2 * 4/ * 547203994 + − 42 * 64151 *<br>6915366/3 * |
|---|---|---|---|
| 货物或应税劳务名称 | 规格型号　　单位　　数量　　单价 | 金额 | 税率　　税额 |
| 机器维修 |  | 2 000.00 | 13%　　260.00 |
| 合计 |  | 2 000.00 | 　　　260.00 |
| 价税合计(大写) | 贰仟贰佰陆拾元整 | (小写) ¥ 2 260.00 | |
| 销货单位 | 名　　称：江苏南方机电公司<br>纳税人识别号：3205021679933<br>地　址、电　话：苏州市苏安路 109 号<br>开户银行及账号：工商银行新区支行 4222304131 | 备注 | |

收款人：张灿　　复核：李琴　　开票人：谭胜　　销货单位:(章)

（抵扣联略）

## 任务三　结转本年利润、进行利润分配

### 知识认知能力训练

#### 一、单项选择能力训练

1. 下列各项中,不影响企业营业利润的项目是(　　)。
   A. 劳务收入　　　　　　　　　　B. 财务费用
   C. 出售包装物收入　　　　　　　D. 接受捐赠利得收入

2. 某企业本期营业收入为 1 000 万元,营业成本为 800 万元,管理费用为 15 万元,销售费用为 20 万元,资产减值损失为 15 万元,信用减值损失为 20 万元,投资收益为 30 万元,营业外收入为 10 万元,营业外支出为 5 万元,所得税费用为 30 万元。假定不考虑其他因素,该企业本期营业利润为(　　)万元。
   A. 65　　　　　B. 95　　　　　C. 100　　　　　D. 160

3. 某企业2021年发生亏损100万元,2022年实现税前会计利润为600万元,其中包括国债利息收入50万元,在营业外支出中有税收滞纳金罚款70万元。所得税税率25%。则企业2022年的所得税费用为( )万元。
   A. 154.3　　　　B. 148.5　　　　C. 171.6　　　　D. 130

4. 企业用当年实现的税前利润弥补以前年度亏损时,正确的做法是( )。
   A. 借:利润分配———未分配利润
      贷:利润分配———弥补以前年度亏损
   B. 借:应交税费———应交所得税
      贷:利润分配———未分配利润
   C. 借:利润分配———盈余公积补亏
      贷:利润分配———未分配利润
   D. 不做账务处理

5. 下列各项中,不会影响营业利润金额增减的是( )。
   A. 资产减值损失　　B. 财务费用　　C. 投资收益　　D. 所得税费

6. 以下关于营业外收入,表述正确的是( )。
   A. 所有的营业外收入都是利得
   B. 营业外收入与企业正常经营活动无关
   C. 营业外收入应与营业外支出进行配比,以净额列示于利润表
   D. 所有的利得都是营业外收入

7. 某企业2022年2月主营业务收入为100万元,主营业务成本为80万元,管理费用为5万元,资产减值损失为2万元,投资收益为10万元。假定不考虑其他因素,该企业当月的营业利润为( )万元。
   A. 13　　　　B. 15　　　　C. 18　　　　D. 23

8. 2022年某企业将固定资产报废,取得价款200万元,增值税26万元,固定资产的账面原值为600万元,已计提折旧490万元,已计提固定资产减值准备10万元,支付清理的费用为20万元,则计入资产处置收益的金额为( )万元。
   A. 80　　　　B. 120　　　　C. 100　　　　D. 200

9. 下列各项中,应计入营业外支出的是( )。
   A. 无形资产处置损失　　　　　　B. 存货自然灾害损失
   C. 固定资产处置损失　　　　　　D. 长期股权投资处置损失

## 二、多项选择能力训练

1. 下列各项中,影响企业营业利润的有( )。
   A. 所得税费用　　　　　　B. 税金及附加
   C. 资产减值损失　　　　　　D. 公允价值变动损益

2. 下列各项中,按规定应计入营业外支出的有( )。
   A. 无形资产出售净损失　　　　B. 捐赠支出

  C. 固定资产盘亏净损失    D. 计提的坏账准备
3. 下列科目中,年末结转后应无余额的有( )。
  A. "主营业务收入"    B. "营业外收入"
  C. "本年利润"    D. "利润分配"
4. 下列各项中,须调整增加企业应纳税所得额的有( )。
  A. 国债利息收入    B. 已计入损益的税收滞纳金
  C. 超标的广告费支出    D. 合同违约罚款
5. 下列各项中,不应计入营业外收入的有( )。
  A. 债务重组利得    B. 处置固定资产净收益
  C. 收发差错造成存货盘盈    D. 确实无法支付的应付账款
6. 下列各项中,影响当期利润表中利润总额的有( )。
  A. 固定资产盘盈    B. 确认所得税费用
  C. 对外捐赠固定资产    D. 无形资产出售利得

### 三、不定项选择能力训练

  甲公司为增值税一般纳税人,采用表结法结转本年利润,适用的所得税税率为25%。2022年相关业务资料如下:

  (1) 年初未分配利润为0。全年实现营业利润127万元,取得营业外收入20万元,发生营业外支出4万元。

  (2) 经查,按税法规定须调整的纳税事项有:职工福利费开支超过准予扣除标准的金额为1.2万元,工会经费超过准予扣除标准的金额为0.8万元;营业外支出中有1万元为税收滞纳金,投资收益中有2万元为本年实现的国债利息收入;其他应调减的应纳税所得额为8万元。

  (3) 与所得税费用相关的递延所得税资料:递延所得税负债年初数为2万元,年末数为3万元;递延所得税资产年初数为2万元,年末数为1万元。

  要求:根据上述资料,不考虑其他因素,分析回答下列小题。

  (1) 根据资料(1),甲公司2022年实现的利润总额是( )万元。
    A. 127    B. 123    C. 143    D. 147

  (2) 根据资料(2),下列各项中,关于甲公司纳税调整事项的表述正确的是( )。
    A. 本年纳税调整减少总额为10万元
    B. 发生的税收滞纳金1万元应调整增加应纳税所得额
    C. 实现的国债利息收入2万元应调整减少应纳税所得额
    D. 本年纳税调整增加总额为3万元

  (3) 根据资料(1)和资料(2),甲公司2022年应纳税所得额为( )万元。
    A. 136    B. 146    C. 143    D. 141

  (4) 根据资料(3),下列各项中,甲公司递延所得税的相关会计处理表述正确的是( )。

A. 借记"所得税费用"科目 1 万元
B. 借记"递延所得税负债"科目 1 万元
C. 贷记"递延所得税负债"科目 1 万元
D. 贷记"递延所得税资产"科目 1 万元

(5) 根据资料(1)至资料(3)，甲公司 2022 年的净利润为(　　)万元。
A. 107　　　　B. 106　　　　C. 112　　　　D. 87

### 四、判断能力训练

1. 企业发生的固定资产盘盈，应该计入当期的营业外收入。(　　)
2. 企业本年度可供分配的利润就是当年实现的净利润。(　　)
3. 未分配利润是指企业实现的净利润经过弥补亏损、提取盈余公积和向投资者分配利润后留存在企业的、历年结存的利润。(　　)
4. 企业所得税费用一定等于企业的利润总额乘以所得税税率。(　　)
5. 利润包括收入减费用后的净额及利得减损失后的净额。(　　)

## 专业应用能力训练

### 训练一

**资料**　公司 12 月末各损益账户(不含"所得税费用"账户)结转前余额如下：

| 账户名称 | 结账前余额/元 |
| --- | --- |
| 主营业务收入 | 543 000(贷) |
| 其他业务收入 | 35 000(贷) |
| 投资收益 | 6 000(贷) |
| 营业外收入 | 32 000(贷) |
| 公允价值变动损益 | 18 000(贷) |
| 税金及附加 | 35 000(借) |
| 主营业务成本 | 340 000(借) |
| 销售费用 | 20 000(借) |
| 管理费用 | 42 000(借) |
| 财务费用 | 11 000(借) |
| 其他业务成本 | 28 000(借) |
| 营业外支出 | 20 000(借) |
| 信用减值损失 | 10 000(借) |
| 资产减值损失 | 20 000(借) |
| 资产处置收益 | 20 000(贷) |
| 其他收益 | 10 000(贷) |

**要求** 编制结转损益的会计分录并计算全年实现的营业利润、利润总额和净利润。

### 训练二

**资料** 甲公司2022年度按企业会计准则计算的税前会计利润为19 700 000元,所得税税税率为25%。当年非公益性捐赠支出200 000元;当年营业外支出中有100 000元为税款滞纳罚金。假定甲公司全年无其他纳税调整因素。

**要求** 计算甲公司2022年应纳税所得额、应交所得税额;编制计算并结转所得税会计分录。

### 训练三

**资料** 乙公司2022年度实现营业收入20 000万元,利润总额1 500万元,所得税税率为25%,甲公司当年因发生违法经营被罚款7万元,当期业务招待费200万元,按所得税税法规定,业务报待费按发生额的60%扣除,且不得超过企业当期营业收入的千分之五。另,企业取得国债利息收入35万元,发生非公益性捐赠支出50万元。

**要求** 计算甲公司本期应纳税所得额、应交所得税额,并编制会计分录。

### 训练四

**资料** 甲公司2021年年初"利润分配——未分配利润"贷方余额100万元,每年按10%提取法定盈余公积。有关资料如下:

(1) 2021年实现净利润200万元,提取法定盈余公积。
(2) 2022年实现净利润600万元,提取法定盈余公积,并提取15%的任意盈余公积,宣告发放现金股利210万元。

**要求**
(1) 编制2021年有关利润分配的会计分录。
(2) 编制2022年有关利润分配的会计分录。
(3) 计算2022年年末未分配利润的余额。

### 训练五

**资料** 南方公司为增值税一般纳税人,2022年6月发生如下业务:
(1) 销售产品200件,单价400元,增值税税率为13%,款项收到,产品发出。
(2) 预收大同公司购货定金30 000元,存入银行。
(3) 销售产品运费500元,增值税税率为9%,款项以现金付讫。
(4) 向大同公司发出商品600件,单价400元,增值税税率为13%,产品发出,扣除定金后,向大同公司收取余款,已存入银行。
(5) 出售一批不需用的原材料10 000元,增值税税率为13%,款项尚未收到。
(6) 结转已售原材料的成本6 000元。
(7) 车间业务员出差,预借差旅费5 000元,以现金付讫。
(8) 预提本月银行短期借款利息2 000元。
(9) 车间业务员出差归来,报销差旅费4 500元,交回现金500元,已收讫。

(10) 结转本月销售成本,单位成本 300 元。

(11) 收到违约金 600 元,存入银行。

**要求**

(1) 根据上述资料(1)~(11)编制有关经济业务的会计分录。

(2) 根据上述资料,分别计算下列项目的金额(单位:元。不考虑纳税调整,所得税税率为 25%):

① 营业利润。

② 利润总额。

③ 净利润。

### 训练六

**资料** A 企业为一般纳税企业,适用的增值税税率为 13%,所得税税率为 25%,产品销售和提供劳务均为企业的主营业务。2022 年 12 月发生如下业务:

(1) 购进原材料一批,价款 100 000 元,增值税税率为 13%,款项以银行存款支付,材料已验收入库(原材料按实际成本核算)。

(2) 销售给 B 公司产品一批,增值税专用发票上注明的不含税售价为 300 000 元,收到 B 公司交来的面值为 339 000 元的银行承兑汇票一张,销售成本为 200 000 元。

(3) 报废旧设备一台,原值为 65 000 元,已提折旧为 60 000 元,发生清理费用 1 000 元,增值税 60 元,取得残料变价收入为 2 000 元,增值税 260 元,有关款项已通过银行结算完毕。

(4) B 公司来函提出本月购买的产品中有的产品质量不完全合格,要求在价格上给予 40 000 元的折让,经查明,符合原合同约定,同意 B 公司的要求,并办理退款手续和开具红字增值税发票,款项已通过银行存款支付。

(5) 用银行存款支付本月咨询费用,咨询费 18 430 元,增值税税款 1 105.8 元。

(6) 转让一项交易性金融资产,成本为 100 000 元,无公允价值变动,售价为 101 000 元,收到的款项存入银行。转让金融资产,增值税 6%。

(7) 12 月 31 日,购入 C 公司有表决权的股票 100 万股,占 C 公司股份的 25%,从而对 C 公司的财务和经营政策有重大影响。该股票每股买入价为 8 元,其中每股含已宣告但尚未领取的现金股利 0.2 元。另外,A 公司在购买股票时支付相关税费 10 000 元,款项均由银行存款支付(假定 C 公司 2022 年 12 月 31 日可辨认净资产的公允价值为 3 200 万元)。

(8) 假定 A 企业 12 月份的应纳税所得额为 1 000 000 元。

**要求**

(1) 根据上述资料,编制业务(1)至业务(8)的会计分录。

(2) 编制结转当月收入、费用的会计分录。

(3) 编制结转当月净利润的会计分录。

### 训练七

甄别相关原始凭证,写出相关会计分录(或填制相关记账凭证)。

**1-1**

罚款通知单

财务科：
　　生产车间工人王明，违反安全操作规程。为严肃公司纪律，以防类似事件再次发生，经经理办公会研究决定，罚款伍佰元，交到你科。请查收！

经理办公室<br>2022 年 12 月 18 日

**1-2**

收 款 收 据<br>2022 年 12 月 18 日

今收到　生产车间王明交来

人民币　伍佰元整　　　　￥500.00

事由：罚款

　　　　　　　经手人：刘红

（现金收讫）

# 项目十三

# 编制会计报表、呈现经营状况

## 任务一　编制资产负债表

### 知识认知能力训练

#### 一、单项选择能力训练

1. 企业发生的下列日常业务中,年末应计入资产负债表非流动资产项目的是(　　)。
   A. 当年 11 月 1 日收到的乙公司开具的 6 个月后付款的商业汇票
   B. 当年企业购入的一条生产线
   C. 超过 3 年未收回的应收账款
   D. 超过 1 年未销售的库存商品
2. 会计报表中各项目数字的直接来源是(　　)。
   A. 原始凭证　　　　B. 日记账　　　　C. 记账凭证　　　　D. 账簿记录
3. 下列资产负债表项目中,可直接根据总账余额填列的是(　　)。
   A. 货币资金　　　　　　　　　　　　B. 交易性金融资产
   C. 存货　　　　　　　　　　　　　　D. 应收账款
4. 某企业年末"应收账款"科目的借方余额为 600 万元,其中"应收账款"明细账的借方余额为 800 万元,贷方余额为 200 万元,年末计提坏账准备后的"坏账准备"科目的贷方余额为 40 万元,应收票据借方余额 300 万,没有计提坏账准备的因素。该企业年末资产负债表中"应收账款"项目的金额为(　　)万元。
   A. 1 060　　　　　B. 600　　　　　C. 760　　　　　D. 800
5. 某企业期末"工程物资"科目的余额为 100 万元,"发出商品"科目的余额为 80 万元,"原材料"科目的余额为 100 万元,"材料成本差异"科目的贷方余额为 10 万元。假定不考虑其他因素,该企业资产负债表中"存货"项目的金额为(　　)万元。
   A. 170　　　　　B. 180　　　　　C. 270　　　　　D. 280
6. 乙企业"原材料"科目借方余额 300 万元,"生产成本"科目借方余额 200 万元,"材料采购"科目借方余额 50 万元,"材料成本差异"科目贷方余额 30 万元,该企业期末资产负债表中"存货"项目应填列的金额为(　　)万元。

A. 670　　　　B. 520　　　　C. 570　　　　D. 540

7. 资产负债表中的"未分配利润"项目,应根据(　　)填列。

A. "利润分配"科目余额

B. "本年利润"科目余额

C. "本年利润"和"利润分配"科目的余额计算后

D. "盈余公积"科目余额

8. 资产负债表中的"资产"项目应按其(　　)大小顺序排列。

A. 流动性　　　B. 重要性　　　C. 变动性　　　D. 盈利性

9. 下列各项中,不属于资产负债表项目的是(　　)。

A. 货币资金　　B. 营业收入　　C. 预收账款　　D. 应付账款

10. 某公司2022年年末存货历史成本为450万元,可变现净值为510万元,则资产负债表上"存货"项目应填列金额为(　　)万元。

A. 450　　　　B. 510　　　　C. 480　　　　D. 390

## 二、多项选择能力训练

1. 下列各项中,可以通过资产负债表反映的有(　　)。

A. 某一时点的财务状况　　　　　B. 某一时点的偿债能力

C. 某一期间的经营成果　　　　　D. 某一期间的获利能力

2. 资产负债表中"存货"项目的金额,可根据(　　)账户的余额分析填列。

A. "材料采购"　　　　　　　　　B. "材料成本差异"

C. "发出商品"　　　　　　　　　D. "生产成本"

3. 资产负债表中的"应付账款"项目应根据(　　)计算填列。

A. 应付账款和预付账款总账余额合计　　B. 应付票据总账贷方余额

C. 应付账款所属明细账贷方余额合计　　D. 预付账款所属明细账贷方余额合计

4. 下列各资产负债表项目,应根据明细科目余额计算填列的有(　　)。

A. 应付账款　　B. 应收账款　　C. 预收款项　　D. 预付款项

5. 下列账户余额在资产负债表"货币资金"项目中反映的有(　　)。

A. "库存现金"　　　　　　　　　B. "其他货币资金"

C. "银行存款"　　　　　　　　　D. "短期借款"

6. 资产负债表中,下列项目属于"非流动资产"的有(　　)。

A. 其他应收款　　　　　　　　　B. 交易性金融资产

C. 其他权益工具投资　　　　　　D. 债权投资

7. 下列各项中,属于企业流动负债的有(　　)。

A. 赊购材料应支付的货款　　　　B. 本期从银行借入的三年期借款

C. 销售应税消费品应交纳的消费税　D. 收取客户的购货订金

## 三、判断能力训练

1. 我国资产负债表采用账户式结构,并满足"资产=负债+所有者权益"平衡式。( )
2. 按规定,财务报表应先列报流动性强的资产或负债,再列报流动性弱的资产或负债。( )
3. 资产负债表中的"应收账款"项目应根据"应收账款"所属明细账借方余额合计数、"预收账款"所属明细账借方余额合计数和"坏账准备"总账的贷方余额计算填列。( )
4. 资产负债表中"长期借款"项目,根据"长期借款"总账科目余额直接填列。( )
5. 资产负债表中确认的资产都是企业拥有的。( )
6. 资产负债表中"应收票据"项目应根据"应收票据"总账余额填列。( )
7. "预付账款"科目所属各明细科目期末有贷方余额的,应在资产负债表"应收账款"项目内填列。( )
8. 资产负债表中的"货币资金"项目反映企业现金和银行存款的期末余额合计数。( )
9. 资产负债表中"年初余额"一栏根据上年末资产负债表"期末余额"一栏直接填列。( )
10. 如果"固定资产清理"科目出现贷方余额,应在资产负债表"固定资产"项目中以负数计算填列。( )
11. 资产负债表填列"长期待摊费用"项目时,应扣除其中将于一年内摊销完毕的部分。( )
12. 资产负债表填列"应付票据"项目时,应扣除针对此项目计提的坏账准备。( )
13. 企业交纳的印花税、耕地占用税、契税应反映在资产负债表中"应交税费"项目内。( )
14. 企业应向股东分配的所有股利或利润,都反映在资产负债表中"应付股利"项目内。( )

# 专业应用能力训练

### 训练一

**资料** 甲企业2022年12月31日有关资料如下:
(1)长期借款资料:

| 借款起始日期 | 借款期限/年 | 金额/万元 |
| --- | --- | --- |
| 2022年1月1日 | 3 | 200 |
| 2020年1月1日 | 5 | 400 |
| 2019年6月1日 | 4 | 300 |

（2）"长期待摊费用"项目的期末余额为 50 万元,将于一年内摊销的数额为 20 万元。

**要求**　根据上述资料,计算资产负债表中下列项目的金额：

（1）长期借款 =

（2）一年内到期的非流动负债 =

（3）长期待摊费用 =

（4）一年内到期的非流动资产 =

### 训练二

**资料**　某公司 2022 年 5 月 31 日有关账户余额如下(单位：元)：

| 账　户 | 借方余额 | 贷方余额 |
| --- | --- | --- |
| 材料采购 | 5 000 | |
| 原材料 | 10 000 | |
| 库存商品 | 20 000 | |
| 生产成本 | 3 000 | |
| 材料成本差异 | 2 100 | |
| 存货跌价准备 | | 3 200 |
| 应收票据 | 8 000 | |
| 坏账准备——应收票据 | | 200 |
| 坏账准备——应收账款 | | 4 400 |
| 应收账款 | 20 000 | |
| 其中：甲公司 | 30 000 | |
| 乙公司 | | 10 000 |
| 预付账款 | | 30 000 |
| 其中：丙公司 | 20 000 | |
| 丁公司 | | 50 000 |
| | 58 400 | |
| 固定资产 | 820 000 | |
| 累计折旧 | | 230 000 |
| 固定资产减值准备 | | 20 000 |
| 固定资产清理 | 10 000 | |
| 无形资产 | 60 000 | |
| 累计摊销 | | 4 680 |
| 无形资产减值准备 | | 9 000 |
| 应付票据 | | 6 500 |
| 应付账款 | | 20 000 |

续表

| 账　户 | 借方余额 | 贷方余额 |
|---|---|---|
| 其中：A 公司 |  | 30 000 |
| 　　　B 公司 | 10 000 |  |
| 预收账款 |  | 8 000 |
| 其中：C 公司 |  | 8 000 |
| 应付职工薪酬 | 15 000 |  |
| 其他应付款 |  | 3 000 |
| 应付利息 |  | 500 |
| 应付股利 |  | 400 |
| 本年利润 |  | 200 000 |
| 利润分配 | 80 000 |  |

**要求**

根据上述资料计算该公司月末资产负债表中下列项目的金额(须列出计算过程)。

(1) 存货 =

(2) 应收账款 =

(3) 应收票据 =

(4) 预付款项 =

(5) 应付账款 =

(6) 应付票据 =

(7) 预收款项 =

(8) 固定资产 =

(9) 无形资产 =

(10) 应付职工薪酬 =

(11) 其他应付款 =

(12) 未分配利润 =

# 任务二　编制利润表

## 知识认知能力训练

### 一、单项选择能力训练

1. 企业当期应交纳的增值税为54 000元,当期交纳的消费税、资源税、城建税和教育费附加分别为5 000元、8 500元、4 130元、2 950元,则反映在利润表上的税金及附加项目的数额应为(　　)元。
   A. 20 580　　　　B. 7 080　　　　C. 4 130　　　　D. 2 950

2. 某企业2022年发生的营业收入为1 000万元,营业成本为600万元,管理费用为50万元,财务费用为20万元,投资收益为40万元,资产减值损失为50万元(损失),信用资产减值准备20万元,公允价值变动损益为80万元(收益),营业外收入为25万元,营业外支出为15万元。该企业2022年的营业利润为(　　)万元。
   A. 370　　　　B. 330　　　　C. 320　　　　D. 380

3. 某企业2022年3月份发生如下业务:① 计提车间固定资产折旧费20万元;② 发生车间管理人员薪酬50万元;③ 销售商品一批价值30万元,购货方约定下月初付款。假定不考虑其他因素,则企业当月的期间费用总额为(　　)万元。
   A. 0　　　　B. 20　　　　C. 50　　　　D. 80

4. 甲企业为增值税一般纳税人,2022年12月发生如下业务:① 支付财务部门的水电费;② 结转12月的销售成本;③ 缴纳当期的消费税;④ 甲企业因产品质量问题被购货方退货。假定不考虑其他因素,则下列表述中正确的是(　　)。
   A. 支付的财务部门的水电费,记入"财务费用"
   B. 确认12月的销售成本,记入"主营业务成本"
   C. 确认当期的消费税,记入"管理费用"
   D. 甲企业因产品质量问题被购货方退货,记入"发出商品"

5. 甲企业为增值税一般纳税人,2022年12月甲企业实际缴纳增值税100万元,消费税80万元,城市维护建设税税率5%,教育费附加税率3%,地方教育费附加税率2%。假定不考虑其他因素,则当期计提的税金及附加的金额为(　　)万元。
   A. 80　　　　B. 98　　　　C. 100　　　　D. 198

6. 下列经济业务中,影响营业利润的是(　　)。
   A. 报废固定资产的净损失　　　　B. 因自然灾害导致的物资净损失
   C. 企业缴纳的税收滞纳金　　　　D. 销售商品的成本

7. 2022年12月,某企业当月实际应交增值税15万元,经营用房屋应交房产税5万元,应交城市维护建设税 1.05 万元,应交教育费附加 0.45 万元。不考虑其他因素,该企业当月记入"税金及附加"科目的金额为( )万元。

  A. 21.5    B. 16.5    C. 1.5    D. 6.5

8. 2022 年 12 月 31 日,某企业进行现金清查,发现库存现金溢余 200 元,无法查明原因。不考虑其他因素,该业务对企业当期营业利润的影响金额为( )元。

  A. 0    B. 120    C. 80    D. 200

9. 2022 年 9 月某企业发生公益性捐赠支出 8 万元,非专利技术转让损失 20 万元,补缴税款交纳滞纳金 3 万元。不考虑其他因素,该企业 2022 年 9 月应记入"营业外支出"科目的金额是( )万元。

  A. 28    B. 31    C. 11    D. 23

10. 下列各项中,不属于利润表"利润总额"项目内容的是( )。

  A. 确认的资产减值损失    B. 无法查明原因的现金溢余
  C. 确认的所得税费用    D. 收到政府补助确认的其他收益

## 二、多项选择能力训练

1. 下列各项中,影响营业利润的项目有( )。

  A. 已销商品成本    B. 原材料销售收入
  C. 出售固定资产净收益    D. 转让交易性金融资产净收益

2. 下列各项中,影响企业利润总额的项目有( )。

  A. 销售费用    B. 管理费用    C. 投资收益    D. 所得税费用

3. 下列各项税金中,应在利润表中的"税金及附加"项目反映的有( )。

  A. 车船税    B. 城市维护建设税
  C. 印花税    D. 房产税

4. 下列各项中,属于企业利润表列示项目的有( )。

  A. 每股收益    B. 综合收益总额
  C. 其他收益    D. 信用减值损失

5. 下列各项中,不影响利润表中营业利润的有( )。

  A. 固定资产盘亏净损失
  B. 无法查明原因的现金短缺
  C. 管理不善导致的原材料盘亏净损失
  D. 地震造成产品毁损的净损失

## 三、判断能力训练

1. 利润表的格式主要有多步式和单步式利润表。我国采用多步式利润表。( )
2. 利润总额 = 营业利润 + 营业外收入 − 营业外支出。( )
3. 净利润 = 利润总额 − 应交所得税。( )

4. 企业生产经营中各项税费都应在利润表的"税金及附加"项目中反映。（　　）

5. 利润表是反映企业特定日期经营成果的会计报表。（　　）

## 专业应用能力训练

### 训练一

**资料**　某企业截至2022年12月31日损益类科目资料如下：

"主营业务收入"科目贷方发生额为1 990 000元；

"主营业务成本"科目借方发生额为630 000元；

"其他业务收入"科目贷方发生额为500 000元；

"其他业务成本"科目借方发生额为150 000元；

"税金及附加"科目借方发生额为380 000元；

"销售费用"科目借方发生额为160 000元；

"管理费用"科目借方发生额为350 000元（其中研发支出150 000元）；

"财务费用"科目借方发生额为170 000元（其中利息费用180 000元，利息收入10 000元）；

"资产减值损失"科目借方发生额为30 000元；

"信用减值损失"科目借方发生额为20 000元；

"公允价值变动损益"科目借方发生额为45 000元（无贷方发生额）；

"投资收益"科目贷方发生额为50 000元（无借方发生额）；

"营业外收入"科目贷方发生额为50 000元；

"资产处置收益"科目贷方发生额为50 000元；

"营业外支出"科目借方发生额为40 000元；

"所得税费用"科目借方发生额为166 250元。

**要求**　假设该企业适用的所得税税率为25%，编制利润表。

利 润 表

| 项　　目 | 本年累计 |
| --- | --- |
| 一、营业收入 |  |
| 减：营业成本 |  |
| 　　税金及附加 |  |
| 　　销售费用 |  |
| 　　管理费用 |  |
| 　　研发费用 |  |
| 　　财务费用 |  |
| 　　其中：利息费用 |  |
| 　　　　　利息收入 |  |

续表

| 项　目 | 本年累计 |
|---|---|
| 信用减值损失 | |
| 资产减值损失 | |
| 加：其他收益 | |
| 　　公允价值变动收益(净损失以"－"号填列) | |
| 　　资产处置收益 | |
| 二、营业利润(亏损以"－"号填列) | |
| 加：营业外收入 | |
| 减：营业外支出 | |
| 三、利润总额(亏损总额以"－"填列) | |
| 减：所得税费用 | |
| 四、净利润(净亏损以"－"填列) | |
| （一）持续经营净利润(净亏损以"－"号填列) | |
| （二）终止经营净利润(净亏损以"－"号填列) | |

### 训练二

**资料** 华新公司为增值税一般纳税企业,销售的产品为应纳增值税产品,增值税税率为13%,产品销售价格中不含增值税额。产品销售成本按经济业务逐笔结转。所得税税率为25%。华新公司2022年6月发生如下经济业务：

(1) 向 B 公司销售甲产品一批,销售价格535 000元,产品成本305 000元。产品已经发出,并开出增值税专用发票,款项已收。

(2) 根据债务人的财务状况,对应收账款计提20 000元坏账准备。

(3) 收到 B 公司甲产品退货。该退货系华新公司5月售出,售出时售价共计2 000元,成本1 750元,该货款当时已如数收存银行。华新公司用银行存款支付退货款项,退回的甲产品已验收入库,并按规定开出红字增值税专用发票。

(4) 月末公司持有的交易性金融资产账面价值为40 000元,公允价值为41 000元。

(5) 月末计提已完工工程项目的长期借款利息3 000元;用银行存款支付发生的管理费用5 000元,销售费用2 000元。

(6) 月末销售产品应交的城市维护建设税1 400元,应交的教育费附加600元。

(7) 计算应交所得税(不考虑纳税调整事项)。

**要求** 编制相关会计分录;编制华新公司2022年6月的利润表。

## 利 润 表

| 项　　目 | 本年累计 |
|---|---|
| 一、营业收入 | |
| 减：营业成本 | |
| 　　税金及附加 | |
| 　　销售费用 | |
| 　　管理费用 | |
| 　　研发费用 | |
| 　　财务费用 | |
| 其中：利息费用 | |
| 利息收入 | |
| 信用减值损失 | |
| 　　资产减值损失 | |
| 加：其他收益 | |
| 　　公允价值变动收益（净损失以"－"号填列） | |
| 　　资产处置收益 | |
| 二、营业利润（亏损以"－"号填列） | |
| 加：营业外收入 | |
| 减：营业外支出 | |
| 三、利润总额（亏损总额以"－"填列） | |
| 减：所得税费用 | |
| 四、净利润（净亏损以"－"填列） | |
| （一）持续经营净利润（净亏损以"－"号填列） | |
| （二）终止经营净利（润净亏损以"－"号填列） | |

## 任务三　编制现金流量表

### 知识认知能力训练

#### 一、单项选择能力训练

1. 下列各项现金流出,属于企业现金流量表中经营活动产生的现金流量的是(　　)。
   A. 偿还应付账款　　　　　　　　B. 偿还长期借款
   C. 出售长期股权投资收到的现金　　D. 支付借款利息
2. 下列各项中,不属于现金的是(　　)。
   A. 库存现金　　　　　　　　　　B. 银行存款
   C. 银行本票存款　　　　　　　　D. 交易性金融资产
3. 下列各项中,不会影响经营活动现金流量的是(　　)。
   A. 销售产品收取的款项　　　　　B. 购买原材料支付的款项
   C. 支付工资　　　　　　　　　　D. 销售固定资产收取的款项
4. 下列各项中,产生筹资活动现金流量的是(　　)。
   A. 发行债券获得的款项　　　　　B. 收到现金股利
   C. 支付税金　　　　　　　　　　D. 转让无形资产
5. 以下各项中,会影响现金流量净额变动的是(　　)。
   A. 用原材料对外投资　　　　　　B. 从银行提取现金
   C. 用现金支付购置材料款　　　　D. 用固定资产清偿债务
6. 现金流量表中的现金流量正确的分类方法是(　　)。
   A. 经营活动、投资活动和筹资活动　　B. 现金流入、现金流出和非现金活动
   C. 直接现金流量和间接现金流量　　　D. 经营活动、投资活动及收款活动

#### 二、多项选择能力训练

1. 下列各项中,属于现金流量表中现金和现金等价物的有(　　)。
   A. 库存现金　　　　　　　　　　B. 其他货币资金
   C. 3个月内到期的债券投资　　　　D. 股票投资
2. 下列各项中,属于筹资活动产生的现金流量的有(　　)。
   A. 支付的现金股利　　　　　　　B. 取得的短期借款
   C. 增发股票收到的现金　　　　　D. 偿还公司债券支付的现金

3. 下列各项中,属于现金流量表中投资活动产生的现金流量的有(    )。
   A. 购建固定资产支付的现金
   B. 转让无形资产所有权收到的现金
   C. 购买 3 个月内到期的国库券支付的现金
   D. 收到分派的现金股利
4. 下列各项中,属于我国现金流量表中的现金的有(    )。
   A. 银行存款              B. 银行汇票存款
   C. 库存现金              D. 现金等价物
5. 下列选项中,属于企业现金流量表中经营活动产生的现金流量的有(    )。
   A. 购买无形资产          B. 支付水电费
   C. 购买原材料            D. 购买固定资产

### 三、判断能力训练

1. 企业取得的拟在近期出售的股票投资视为现金等价物。(    )
2. 企业归还的长期借款利息,在编制现金流量表时,应作为"归还债务所支付的现金"项目填列。(    )
3. 编制现金流量表时,企业的罚款收入应在"收到的其他与经营活动有关的现金项目"反映。(    )
4. 以固定资产对外投资,不会对现金流量产生影响。(    )
5. 现金流量表中的经营活动,是指企业投资活动和筹资活动以外的所有交易或事项。销售商品或提供劳务、转让固定资产所有权、支付债券利息等产生的现金流量均属于经营活动产生的现金流量。(    )
6. 我国企业现金流量表采用报告式结构,分类反映经营活动产生的现金流量、投资活动产生的现金流量和筹资活动产生的现金流量,最后汇总反映企业某一期间现金及现金等价物的净增加额。(    )

## 拓展阅读与训练

 案例资料

### 老王的困惑

退休不久的老王最近遇上了一件既令他伤心又令他困惑的事。伤心的是:他于年初所投资的福兴公司,居然在不到一年的时间内破产了! 困惑的是:赚钱的公司也会破产?! 投资前,他曾查阅了该公司的利润表,其上还有 280 000 元的销售收入,净利润达 24 000 元,而资产负债表显示该公司应收账款与存货增加,厂房设备也增加,数据显示的结果似乎良好。不解之余,他找到一位在会计师事务所执业的朋友郑会计师咨询,郑会计师让他找一张该公

司的现金流量表来。

| 经营活动产生的现金流量 | | |
|---|---|---|
| 净利润 | 24 000 | |
| 调整项目： | | |
| 　应收账款增加 | (48 000) | |
| 　存货增加 | (40 000) | |
| 　折旧费用 | 44 000 | |
| 经营活动产生的现金流量净额 | | (20 000) |
| 投资活动产生的现金流量 | | |
| 　购买设备 | | (80 000) |
| 筹资活动产生的现金流量 | | |
| 　短期借款 | | (112 000) |
| 现金净增加额 | | 12 000 |

假如你是郑会计师，请结合所学的专业，为老王指点迷津。

## 任务四　编制所有者权益变动表

### 知识认知能力训练

#### 一、单项选择能力训练

1. （　　）反映企业利润及分配的来龙去脉。
   A. 资产负债表　　　　　　　　B. 利润表
   C. 所有者权益变动表　　　　　D. 现金流量表

2. 2022年年初，某企业所有者权益合计数为1 120万元。当年该企业实现综合收益总额为300万元，用盈余公积转增资本200万元，向所有者宣告分配现金股利15万元。不考虑其他因素，该企业2022年度所有者权益变动表中"所有者权益合计"项目的本年年末余额的列报金额为（　　）万元。
   A. 1 250　　　　B. 1 420　　　　C. 1 220　　　　D. 1 405

3. 下列项目需要在所有者权益变动表中单独列出的是(　　)。
   A. 货币资金　　　　　　　　　　B. 短期借款
   C. 其他综合收益　　　　　　　　D. 应收账款
4. 下列选项属于所有者权益变动表反映的内容的是(　　)。
   A. 为使用者提供所有者权益总量增减变动的信息
   B. 为使用者提供所有者权益增减变动的结构性信息
   C. 为使用者理解所有者权益增减变动的根源
   D. 以上选项均正确

## 二、多项选择能力训练

下列各项中,应在所有者权益变动表中单独列示的项目有(　　)。
A. 向所有者(股东)分配利润　　　B. 所有者投入资本
C. 综合收益总额　　　　　　　　D. 提取的盈余公积

## 三、判断能力训练

1. 所有者权益变动表是反映公司本期至截至期末所有者权益变动情况的报表。(　　)
2. 净利润不需要在所有者权益变动表中单独列示。(　　)

# 任务五　编写附注

## 知识认知能力训练

### 一、单项选择能力训练

1. 下列关于企业财务报表附注的表述,不正确的是(　　)。
   A. 附注是对财务报表的文字描述和说明
   B. 附注的主要作用之一是对报表中未能列示的项目进行说明
   C. 附注是企业财务报表的组成部分
   D. 企业应在附注中对财务报表的所有项目进行说明
2. 下列有关附注的说法,不正确的是(　　)。
   A. 附注不属于财务会计报表的组成部分

B. 附注是对会计报表中项目的描述或是其明细资料
C. 附注是对未能在会计报表中列示项目的说明
D. 附注是财务会计报告的组成部分

## 二、多项选择能力训练

下列各项中,属于附注主要内容的是(　　)。
A. 企业基本情况
B. 财务报表编制基础
C. 遵循企业会计准则的声明
D. 重要会计政策和会计估计

## 三、判断能力训练

1. 企业董事会或类似机构通过的利润分配方案中拟分配的现金股利或利润,不需要进行账务处理,但需要在附注中披露。(　　)
2. 附注是对财务报表中列示项目所做的进一步说明以及对未能列示的项目进行说明。(　　)

# 项目十四

# 明晰非货币性资产交换、了解债务重组

## 任务一 核算非货币性资产交换

### 知识认知能力训练

#### 一、单项选择能力训练

1. 下列各项资产中,不属于货币性资产的是(   )。
   A. 银行存款
   B. 应收款项
   C. 以公允价值计量且其变动计入当期损益的金融资产
   D. 应收票据
2. 在不涉及补价的情况下,下列各项交易事项中,属于非货币性资产交换的是(   )。
   A. 开出商业承兑汇票,购买原材料
   B. 以持有的应收票据换入机器设备
   C. 以拥有的生产设备换入专利技术
   D. 以应收票据换入联营企业投资应收账款
3. 甲公司用一台设备换入乙公司的一项专利权。设备的账面原值为 20 万元,已提折旧为 4 万元,已提减值准备 2 万元。甲另向乙公司支付补价 6 万元。假定两公司资产交换不具有商业实质,则甲公司换入专利权的入账价值为(   )万元。
   A. 12        B. 20
   C. 24        D. 14
4. 下列交易中,不属于非货币性资产交换的是(   )。
   A. 以公允价值为 1 200 万元的土地使用权换取一办公楼,另收取补价 250 万元
   B. 以公允价值为 800 万元的专利技术换取一台设备,另支付补价 160 万元
   C. 以公允价值为 2 400 万元的厂房换取一项无形资产,另收取补价 600 万元
   D. 以公允价值为 600 万元的厂房换取一项投资,另支付补价 120 万元
5. 在非货币性资产交换按照公允价值计量的情况下,换出资产为固定资产、无形资产

的,其换出资产公允价值和换出资产账面价值的差额,可计入( )。
   A. 营业外支出　　　　　　　　B. 投资收益
   C. 资产处置损益　　　　　　　D. 营业外收入

6. 长江公司以一台 A 设备换入大海公司的一台 B 设备。A 设备的账面原价为 120 万元,已提折旧 6 万元,已提减值准备 6 万元,其公允价值为 120 万元。大海公司另向长江公司支付补价 10 万元。长江公司换入设备的安装费为 2 万元。假定长江公司和大海公司的商品交换具有商业实质。长江公司换入的 B 设备的入账价值为( )万元。
   A. 106　　　　　B. 120　　　　　C. 132　　　　　D. 96

## 二、多项选择能力训练

1. 下列各项中,属于非货币性资产的有( )。
   A. 应收账款　　　　　　　　B. 固定资产
   C. 交易性金融资产　　　　　D. 债权投资

2. 甲公司下列各项关于发生的交易或事项中,不适用非货币性资产交换准则进行会计处理的有( )。
   A. 甲公司以专利权作价对其合营企业进行增资
   B. 甲公司以出租的厂房换取乙公司所持联营企业的投资
   C. 甲公司以持有的 5 年期债券投资换取丙公司的专有技术
   D. 甲公司以生产用设备向股东分配利润

3. 在具有商业实质且换入或换出资产的公允价值能够可靠计量的非货币性资产交换中,确定换入资产入账价值应考虑的因素有( )。
   A. 换出资产的公允价值
   B. 换出资产账面价值
   C. 为换入资产应支付的相关税费
   D. 换出资产账面价值与其公允价值的差额

## 三、判断能力训练

1. 在公允价值能够可靠计量的情况下,企业进行非货币性资产交换时,换出资产的公允价值与账面价值的差额应该计入当期损益。( )

2. 在非货币性资产交换中,如果换出资产的公允价值小于其账面价值,按照谨慎性要求,采用公允价值作为换入资产入账价值的基础。( )

3. 在非货币性资产交换中,如果换入资产的未来现金流量在风险、金额、时间方面与换出资产显著不同,即使换入或换出资产的公允价值不能可靠计量,也应将该交易认定为具有商业实质。( )

4. 具有商业实质的非货币性资产交换按照公允价值计量的,假定不考虑补价和相关税费等因素,应当将换入资产的公允价值和换出资产的账面价值之间的差额计入当期损益。( )

5. 在具有商业实质,且换出资产的公允价值能够可靠计量的情况下,如果换出资产为长期股权投资和交易性金融资产的,则换出资产的公允价值和账面价值之间的差额,计入投资收益。(  )

6. 在非货币性资产交换中,如果以换出资产账面价值为基础计量换入资产成本的,无论是否收付补价,对换出资产公允价值与账面价值的差额均不确认损益。(  )

## 专业应用能力训练

### 训练一

**资料**  2022年6月,甲公司以库存商品A产品交换乙公司原材料,双方均将收到的存货作为库存商品核算。甲公司和乙公司适用的增值税税率为13%,计税价值为公允价值,资产置换日有关资料如下:

(1) 甲公司换出:库存商品——A产品,账面成本220万元,已计提存货跌价准备40万元,不含税公允价值180万元,含税公允价值203.4万元。

(2) 乙公司换出:原材料,账面成本200万元,已计提存货跌价准备4万元,不含税公允价值200万元,含税公允价值226万元。

(3) 甲公司以银行存款向乙公司支付22.6万元。

假定该项交换具有商业实质且其换入或换出资产的公允价值能够可靠计量。

**要求**  编制甲、乙两家公司的会计分录。

### 训练二

**资料**  2022年8月,甲公司经协商以其拥有的库存商品与乙公司固定资产交换。假定该项交换具有商业实质且其换入或换出资产的公允价值能够可靠计量。

交换日资料如下:

(1) 甲换出:库存商品,账面价值80万元,公允价值100万元,销项税13万元。

(2) 乙换出:固定资产,账面价值90万元,公允价值100万元,增值税13万元。

(3) 甲公司和乙公司没有收付银行存款。

**要求**  编制甲、乙公司交换时的相关会计处理。

### 训练三

**资料**  2022年9月,甲公司经协商以其拥有的一栋自用写字楼与乙公司持有的对丙公司长期股权投资交换。假定该项交换具有商业实质且其换入或换出资产的公允价值能够可靠计量。资产置换日资料如下:

(1) 甲换出:固定资产,原值600万元,折旧120万元,公允价值675万元,增值税33.75万元(该写字楼实行简易计税)。

(2) 乙换出:长期股权投资,账面价值450万元,公允价值600万元。

(3) 甲公司收到银行存款,即收到补价108.75万元。

**要求** 编制甲、乙公司交换时的相关会计处理。

### 训练四

**资料** A 公司以一项无形资产换入 B 公司的一项投资性房地产。A 公司无形资产的账面原价为 600 万元,已计提累计摊销 220 万元;B 公司的投资性房地产账面价值为 500 万元,增值税 45 万元。A 公司无形资产与 B 公司投资性房地产的公允价值均无法合理确定。A 公司另向 B 公司支付补价 40 万元,为换出无形资产需要交纳增值税 12 万元。

**要求** 编制 A 公司非货币性资产交换的会计分录。

## 任务二 核算债务重组

## 知识认知能力训练

### 一、单项选择能力训练

1. 下列各项交易或事项中,应按债务重组会计准则进行会计处理的是( )。
   A. 向银行出售应收账款
   B. 因债务人发生财务困难债权人豁免其部分债务
   C. 以未来应收货款本金及其利息进行资产证券化
   D. 签发商业承兑汇票支付购货款

2. 甲企业 2021 年 10 月 1 日欠乙企业货款 2 000 万元,到期日为 2022 年 3 月 1 日。甲企业发生财务困难,经协商,乙企业同意甲企业以账面价值 600 万元的产成品和账面价值为 300 万元的一台设备抵债。甲企业于 2022 年 3 月 10 日将设备运抵乙企业,2022 年 3 月 31 日将产成品运抵乙企业并办理有关债务解除手续。在此项债务重组交易中,债务重组日为( )。
   A. 2021 年 12 月 31 日          B. 2022 年 3 月 1 日
   C. 2022 年 3 月 10 日           D. 2022 年 3 月 31 日

3. 债务人以金融资产清偿债务的,债权人应当将重组债权的账面余额与收到的现金之间的差额记入( )科目。
   A. "营业外支出"   B. "资本公积"   C. "财务费用"   D. "投资收益"

4. 债务人以非金融资产清偿债务,不需要区分资产处置损益和债务重组损益,而应将所清偿债务账面价值与转让资产账面价值之间的差额借记或贷记( )。
   A. 其他收益———债务重组收益      B. 营业外收支
   C. 投资收益                       D. 资产处置损益

5. 债务重组时,债权人对于受让非现金资产过程中发生的运杂费、保险费等相关费用,应计入( )。
   A. 管理费用　　　　　　　　　　B. 其他业务成本
   C. 营业外支出　　　　　　　　　D. 接受资产的价值

6. 甲公司是乙公司的股东。2022年7月31日,甲公司应收乙公司账款4 000万元,采用摊余成本进行后续计量。为解决乙公司的资金周转困难,甲公司、乙公司的其他债权人共同决定对乙公司的债务进行重组,并于2022年8月1日与乙公司签订了债务重组合同。根据债务重组合同的约定,甲公司免除80%应收乙公司账款的还款义务,乙公司其他债权人免除40%应收乙公司账款的还款义务,豁免的债务在合同签订当日解除,对于其余未豁免的债务,乙公司应于2022年8月底前偿还。2022年8月23日,甲公司收到乙公司支付的账款800万元。不考虑其他因素,甲公司2022年度因上述交易或事项应当确认的损失金额是( )。
   A. 零　　　　B. 800万元　　　　C. 3 200万元　　　　D. 1 600万元

## 二、多项选择能力训练

1. 甲公司应收乙公司1 000万元,已计提坏账准备50万元。2022年3月1日,甲、乙双方签订的债务重组协议约定:(1)乙公司以账面价值480万元的库存商品抵偿债务500万元;(2)乙公司向甲公司增发股票200万股,用于抵偿债务500万元;(3)前述(1)(2)两项偿债事项互为条件,若其中任何一项没有完成,则甲公司保留向乙公司收取1 000万元现金的权利。2022年3月1日,甲公司债权的公允价值为940万元;乙公司股票的公允价值为2.5元/股。2022年3月15日,甲公司将收到的商品作为存货管理。2022年5月1日,乙公司办理完成股权增发手续,甲公司将其指定为以公允价值计量且其变动计入其他综合收益的金融资产,当日乙公司股票的公允价值为2.4元/股。不考虑其他因素,下列各项关于甲公司债务重组相关会计处理的表述中,正确的有( )。
   A. 2022年5月1日,确认其他权益工具投资480万元
   B. 2022年3月15日,确认存货440万元
   C. 2022年3月15日,确认投资收益 -35万元
   D. 2022年5月1日,确认投资收益 -30万元

2. 下列关于债务重组的表述正确的有( )。
   A. 债务人以金融资产清偿债务的,债务的账面价值与偿债金融资产账面价值的差额记入"投资收益"科目。
   B. 债务人非金融资产清偿债务,不需要区分资产处置损益和债务重组损益。
   C. 将债务转为权益工具方式进行的,所清偿债务账面价值与权益工具确认金额之间的差额记入"投资收益"科目。
   D. 债务人因发行权益工具而支出的相关税费等,应当依次冲减资本公积(资本溢价或股本溢价)、盈余公积、未分配利润等。

### 三、判断能力训练

1. 只要债务重组时确定的债务偿还条件不同于原协议,无论债权人是否做出让步,均属于债务重组。（　　）

2. 债务人以低于债务账面价值的现金清偿债务的,债权人实际收到的金额小于应收债权账面价值的差额,计入当期营业外支出。（　　）

3. 对于以非货币性资产抵偿债务的债务重组,假定不考虑增值税等因素,则债务人的债务重组利得为重组债务与抵偿资产账面价值的差额。（　　）

4. 企业在债务人以非货币性资产抵偿债务方式下取得无形资产时,收到补价的,应按应收债权的账面价值减去补价后的金额,作为无形资产的实际入账成本。（　　）

5. 如果债权人受让多项非货币性资产,应在计算确定的入账价值范围内,按非货币性资产公允价值的相对比例确定各非货币资产的入账价值。（　　）

6. 以非货币性资产抵偿债务的,债务人计入当期损益的金额包括资产转让损益和债务重组利得。（　　）

## 专业应用能力训练

### 训练一

**资料**　因 B 公司出现严重的财务困难,无力支付所欠 A 公司的货款 500 万元,2022 年 10 月 10 日,A 公司与 B 公司达成债务重组协议,协议约定,B 公司以一项生产设备偿还债务。该项设备是 2020 年购入的,账面原价为 400 万元,累计折旧 30 万元,公允价值为 350 万元(不含增值税),未计提减值准备。A 公司已对该项债权计提坏账准备 30 万元。假定不考虑其他相关税费。

**要求**　做出债务重组日 A、B 两家公司的账务处理。

### 训练二

**资料**　2022 年甲公司应收乙公司销货款 760 500 元(含增值税),因乙公司无力支付,经协商乙公司于 2019 年年末以一台设备、一条生产线和一批原材料抵债。根据乙公司开具的发票,原材料不含增值税的公允价值为 80 000 元,增值税税率为 13%,成本价为 70 000 元。设备和生产线的公允价值分别为 350 000 元和 172 000 元。该设备和生产线的原价分别为 300 000 和 150 000 元,累计折旧分别为 50 000 元和 10 000 元,均为 2021 年之后购买的,增值税税率为 13%。甲公司已经对该项应收账款计提坏账准备 3 000 元,不考虑其他相关税费。甲公司收到的原材料仍作为原材料核算;收到的设备和生产线仍作为固定资产核算。

**要求**　编制甲公司和乙公司有关债务重组的会计分录。

### 训练三

甄别相关原始凭证,写出相关会计分录(或填制相关记账凭证)。

**1-1**

## 重组协议书

甲方:无锡天海股份有限公司

乙方:无锡红菱有限公司

兹有无锡红菱有限公司发生亏损导致财务困难,现与无锡天海股份有限公司就所欠140 000元货款达成以下重组协议,无锡红菱有限公司以一批乙产品抵偿债务,该项产品的公允价值为80 000元,增值税为10 400元。余款不再支付。

重组甲方

2022年7月5日

重组乙方

2022年7月5日

**1-2**

3200052170  江苏省增值税专用发票  No 2456986657888

开票日期:2022年7月5日

| 购货单位 | 名称:无锡天海股份有限公司<br>纳税人识别号:320600238724<br>地址、电话:江苏宜兴天一路30#<br>开户银行及账号:建设银行宜兴支行 23218876338787 | 密码区 | 略 | | | |
|---|---|---|---|---|---|---|
| 货物或应税劳务名称 | 规格型号 | 单位 | 数量 | 单价 | 金额 | 税率 | 税额 |
| 乙产品 | | 公斤 | 400 | 200 | 80 000.00 | 13% | 10 400.00 |
| 合计 | | | | | 80 000.00 | | 10 400.00 |
| 价税合计(大写) | 人民币玖万零肆佰元整 | | | (小写) | ¥90 400.00 | | |
| 销货单位 | 名称:无锡红菱有限公司<br>纳税人识别号:3206117744330987<br>地址、电话:无锡市钟山路8号<br>开户银行及账号:农行无锡分行 35762220879989 | 备注 | | | | |

收款人:王明  复核人:  开票人:李林  销货单位:(章)

1-3

3200052170

## 江苏省增值税专用发票

No 2456986657888

开票日期：2022 年 7 月 5 日

| 购货单位 | 名　　　　称：无锡天海股份有限公司<br>纳税人识别号：320600238724<br>地　址、电　话：江苏宜兴天一路30#<br>开户银行及账号：建设银行宜兴支行<br>23218876338787 | 密码区 | 略 |
|---|---|---|---|

| 货物或应税劳务名称 | 规格型号 | 单位 | 数量 | 单价 | 金额 | 税率 | 税额 |
|---|---|---|---|---|---|---|---|
| 乙产品 |  | 公斤 | 400 | 200 | 80 000.00 | 13% | 10 400.00 |
| 合计 |  |  |  |  | 80 000.00 |  | 10 400.00 |

| 价税合计（大写） | 人民币 玖万零肆佰元整 | （小写）¥90 400.00 |
|---|---|---|

| 销货单位 | 名　　　　称：无锡红菱有限公司<br>纳税人识别号：3206117744330987<br>地　址、电　话：无锡市钟山路8号<br>开户银行及账号：农行无锡分行<br>35762220879989 | 备注 | （发票专用章） |
|---|---|---|---|

收款人：王明　　复核人：　　开票人：李林　　销货单位：（章）

第三联　发票联　购货方作购货凭证入账

1-4

## 收 料 单

供应单位：无锡红菱有限公司　　　　2022 年 7 月 5 日

发票号码　　　　　　　　　　　　　　　　　　　　　编号：20024

| 材料编号 | 名　称 | 规　格 | 数　量 | | 实际成本 | | | |
|---|---|---|---|---|---|---|---|---|
|  |  |  | 应收 | 实收 | 单价 | 发票价格 | 运杂费 | 合计 |
|  | 乙材料 |  | 400 | 400 |  |  |  |  |

备注：

收货人：陈红林　　　　　　　　　交料人：李林平

# 拓展阅读与训练

### 案例资料

**江西贵溪化肥厂债转股方案**

　　1991 年投产建成的江西贵溪化肥厂是全国化肥行业第一家债转股企业，债转股总额为 8.9 亿元。江西贵溪化肥厂系属国家"七五"期间重点建设项目的大型磷复肥生产企业，目前年化肥综合生产能力为45万吨、磷酸12万吨,总资产12.2亿元,资产负债率为89.25%。我国高浓度的磷复肥产量只占磷肥产量的20%左右,有很大的发展空间,这给贵溪化肥厂提供了难得的发展机遇。但该厂的建设资金主要来自建设银行等机构的贷款,每年的利息负担就在8 000万元左右,迄今仅基建借款的本息就已达7.2亿元,此外还有4亿多元的流动资金贷款。这次债务为8.9亿元的转股金额分别由信达公司、江西省投资公司、江西省石化国有资产经营公司、中国昊华化工(集团)总公司和国家开发投资公司承继,并按不同比例共同持股,组建新的股份公司。转股后,公司资产负债率将下降到26.83%,财务费用降低约6 000万元,1999年年底即可实现盈利2 800万元,2000年盈利约4 800万元。

根据债转股的方案,贵溪化肥厂将分立为两家公司——股份公司和股份有限公司,主体生产设施、生产用地和绝大部分流动资产进入股份公司,其余资产进入有限公司;有限公司总资产中的非经营性资产剥离给地方政府,由有限公司暂时托管。债转股和企业分立同步进行,各债权人按同一比例分别转为股份公司和股份有限公司的股份。债转股后信达公司在股份公司和股份有限公司中的股份将通过转让或回购方式退出。

在接收不良信贷资产中,信达配合建行依法设计了严格的审查、确认交接工作程序。打破行政区划界限,根据业务需要和资产密集程度,设置25个办事处,初步建立了面向市场经济和业务处理需要的内部业务机构体系,并设计出以绩效挂钩为基础的激励机制,建章建制从严防范道德风险,抓紧研究和开发债务追偿、资产重组、资产置换、分包拍卖、吸引战略投资者、资产证券化等处理方案。为依法维护不良债权的完整性,信达设计了严格的审查、确认、交接的工作程序,配合建行紧紧抓住不良债权转移过程中的"协议、支付凭证、回执"三大法律要件,初步提出了"以非现场评估为主、现场评估为辅,以资产量大的客户细评为主、资产量小的客户粗评为辅,以聘用国内资产评估专业人员进行基础评估为主、聘用国际评估机构进行尽职调查为辅,以企业基本经济数据为主、配以参数为辅"四个主辅相结合的快速资产评估方法。

案例思考

实施债转股是否会导致国有资产流失?如何避免与防止因有意赖账而产生的道德风险和赖账经济?债转股失效由谁负责?